U0453862

趣看世界史

[德] 亚历山大·冯·勋伯格 著

包向飞 李雪 译

重庆大学出版社

目录

«Völker und Menschen, Torheit und Weisheit, Krieg und Frieden, sie kommen und gehen wie Wasserwogen, und das Meer bleibt.

—Otto von Bismark

『民族和个人、愚蠢和智慧、战争与和平，它们如同水波来来去去，而大海一直留存。

——俾斯麦

不是前言，
而是一个警告
Statt Eines Vorwortes,
Eine Warnung

才早上十点，我所住旅馆的阳台上气温就已经达到了三十度。我和我的孩子们在吃早餐，在我们眼皮底下的，就是世界上最著名的城堡——雅典卫城。雅典卫城的中心是帕特农神庙，神庙是该城居民为女神雅典娜所建的，为的是感激雅典娜在希波战争中帮助了他们，因为他们那时的对手波斯好比是现在拥有原子弹的超级大国。波斯国王拥有一支装备精良的超级军队，他原以为，战胜雅典就像用苍蝇拍拍死一只讨厌的苍蝇一样，然而他遭遇的却是马拉松战役和萨拉米斯海战——世界战争史上两起以少胜多的奇迹。这两起胜利就像列支敦士登国家足球队 7∶1 赢了德国队一样，太不可能了。自此，历史的走向改变了。偏僻的雅典（它的民众乐于冒险，身体和精神都已觉醒）成了地中海地区的超级大国，至今仍影响着我们的行为。

我太太早已离开了阳台，她没有兴趣在如此炎热的天气里和我一起参观古代遗址，并被我驱赶着迈着正步穿过古雅典人集会用的广场，虽然此次参观是早已计划好的。此外，她有理由生我的气，因为昨天晚上我被一位朋友，驻外通讯员保尔·罗恩茨海默尔（Paul Ronzheimer）拉出去体验了雅典的夜生活，而孩子们却乘机把他们的酒店房间糟蹋得如同摇滚明星的房间一样。孩子们正值青春期，他们对自助早餐比对这世界上最庄严的废墟更感兴趣。我最小的儿子给自己取了一大盘炒蛋加熏肉，连同一大堆白面包。这些卡路里量足以让三打斯巴达人高兴上整整一个星期。一个小时以来，我女儿一直在用酒店的无线网络，她已经被现代文明同化了。她这样做是为了在这个数字化的世界里证明她在雅典。在网络社交平台上，人们可以借助小旗在一个小小的世界地图上展示这些照片是在哪里上传的。在雅典上放一个小旗，就有一张耸立在像泳池一样蓝的天空之下的、白色帕特农神庙的照片。这张照片用 iphone 上一个名为 Hipstamatic 的 APP 拍摄，搭配 John S 镜头和 Ina's 1969 的胶片，效果很棒。

为什么要让子女经历这些东西？为什么不就让他们看看城市全景，然后轻松地舔着冰激凌在购物区里闲逛？文明（其废墟就在我们眼前）到底和我们有什么关系？总之，为什么我们人类把自己看得如此重要？为什么我们不断地从我们的过去讲述历史？待在当下是不是更加智慧些？所有这些回顾给我们带来些什么呢？对此只有一个答案：我们别无选择。从物理角度来看，所谓的现在，并不能被证实。所有我们看到的一切，至少都已经属于过去。我所看到的我身旁的玻璃杯已经是它几微秒之后的影像，延迟的时间是光线到达视网膜所需的时间。夜晚仰望天空，我们的肉眼大约可以看到 6000 颗星星。每一束光，尽管刚刚才抵达地球，都已经特别古老。光源离我们越远，光就越古老。最古老的光已经有一百三十亿年了，它在宇宙大爆炸的那一瞬间就以光速踏上了自己的旅途。

　　曾经有那样的时代，那时人类对自身的兴趣大到我们现在无法理解。就在不远的过去，人类还坚信我们的星球是宇宙的中心。离我现在住的酒店不远，在德尔菲神庙里，就有一块石头，标记着它所在的地方就是世界的中心。而今天我们知道，地球甚至不是我们这个小小的行星系统的中心。我们的行星系统，就像其他的行星系统一样，存在于我们星系的边缘（在一个很不显眼的"郊区"）。而我们的星系又只是数十亿星系中的一个。我们的地球在宇宙中的重要性，就像一个跳蚤鼻屎里的细菌，而这个跳蚤则是上千只在广阔非洲大地上的大象中的一只大象的尾巴毛上的一个。像我们这样微小的生物却要花时间记下谁、什么时候以及为什么和谁有过争端，以及谁当过国王，这难道不可笑吗？就算我们的行星明天就不复存在，它的毁灭在无垠的宇宙中也根本不引人注目。被我们称作银河的螺旋雾状星系，像其他星系一样，仍会冷漠地不停转动着。或者这是无稽之谈？整个宇宙之所以存在，是因为光通过我们照在其上，是因为我们看到了它，感知到了它？如果没有人的存在，没有人去感知，那么宇宙究竟是否真实？

尽管我们可以坚持说我们的行星意义非凡，但是这并不意味着，那个后来者"晚期智人"（*Homo sapiens sapiens*）就自动获得所有的关注。历史书喜欢这样写："然后有了人。"好像创生或者说进化（这要看你的信仰和世界观）是已经完成的。好像"世界计划"预先把人类安排成世界的统治者，好像我们是其加了冕的终局。

这本书将关涉到这个非凡的物种——"人"，此物种以闪电般的速度，似乎在他们出现的那一刻，就征服了这个星球。为了理解我们自己这个非凡的物种，认识一下早期的智人是很值得的。理由很简单，我们就是智人。人类已经这样存在了几十万年，以至于人类文化的最后几千年几乎没有给我们改变身体条件的机会，我们也几乎没有机会来适应由自己所创造的环境。从至少十五万年前起，就存在着和今天的我们一模一样的人。纯粹从外观上（也包括大脑功能）看，我们和那时的祖先没有任何区别。也许那时的他们比现在的我们还要聪明，因为在他们的脑中存储着和他们的生存息息相关的上千条的信息，并且他们还必须解读这些信息。而我们经常出于无聊在智能手机上查查天气，或者玩玩"糖果消消乐"就够了。在大约一万两千年前，人类才开始不再作为狩猎者和采集者到处游荡。从这一相对较短的历史开始，我们开始建造建筑、收割农作物、执行行政程序、签订建房合同和遵守预约。自以为现代的人只需要做一个简单的"全身浴"的实验就能觉察到：在纯粹的生理上，我们和那些穴居的、猎杀猛犸象的早期人类并没有太大的差别。当浴缸中的水冷却下来时，我们会起鸡皮疙瘩。我们的祖先体毛比我们多，当他们冷的时候，鸡皮疙瘩会帮助他们把体毛竖起来，而空气会滞留在毛发之间，从而给他们温暖。

如果你没有浴缸，那你就走过一张摆满食物的桌子吧。自从知道我们大部分的祖先必须艰难地获取食物后，我才明白，为什么我见了还算可以的酒店自助早餐就迈不动脚步，尽管我还不饿，我早上从来不觉得饿。但是千百年来，每一次食物的获得对人来说都是一场胜利，它在人的大脑里制造了一次神经细胞的愉悦雷暴。我必须在早餐时把盘子装得满满的。在我的内心深处，潜藏着这样的预感：在很长的一段时间内，这也许是唯一可以获得的食物。

对历史感兴趣就意味着对自身感兴趣。我们审视历史出于这样一个唯一的理由：审视我们自身。我们将会看到，从我们这个物种的视角出发，以人类自身创造的文化为背景来讲述人类历史，有着充足的理由。

历史的最初几百万年（这远远早于浴缸和酒店自助餐）将被我大段地跳过，我会把精力集中在最后的几千年上，大约从人类刚刚定居下来的时候开始，也就是公元前 10000 年。我这样做，并且强调这其中意味着某种告诫，据此，我也表明了一种价值判断。根据经典历史书中理所当然的划分，始于大约一万两千年前的所谓的农业革命标志着人类开始崛起，也被我们称作文明的开始。从人类开始把自己设定成自然的对立面的时刻来讲述历史，这虽然是惯常的讲述方式，但是在使用这一讲述方式之前，我们必须搞清楚，它背后隐藏了一个什么样的大胆断言。这个断言就是：当人不是自然之物，而是文明之物的时候，当他不把自己理解成自然的一个部分，而是自然的征服者的时候，历史才是有价值的。当然人们也可以把目光限定在人类历史的最初十五万年。人们可以论证说，这十五万年是人类历史上最长的，也是无与伦比的最成功的一个时期，而这最近的一万两千年，也就是说农业革命后的这段时间，人们完全可以在结尾处用几句话来讨论，差不多把它看作一个伤感的历史附言：在这段时间里，人类对几千代以来都很好地养育着自己的自然进行了剥削和破坏。但这里我不打算这样写。我认为，出于公平的要求，有必要指出，当我把精力集中在人类定居和建立文明之后的时代时，这样书写历史本身就意味着一个很大的价值判断。当我们谈论起"我们的"世界、"我们的"环境时，同样也意味着一种价值判断。我，和大家一样，也在此清楚地指出，我们不把自己看成自然的一部分，而是把自己看成和自然分离的东西，在某些情况下，甚至看成自然的主人。

顺便说一下，为什么历史书大多把精力集中在最近的一万两千年，也就是说集中在农业革命以来的这段时间，这里也存在一个非常平庸和务实的理由：因为这样更容易。时间和空间上更近一些，自然更好观察，并且使更精确的知识成为可能。而对人类开始定居之前的情况，由于缺乏文字证据，人们知之甚少，因此研究起来更加困难。狩猎者和采集者在一般情况下是不喜欢记录的。书写是一个时髦的发明，这还要等待城市人的到来。

对人类在过去的一万两千年的崛起进行一番详细的研究，也是值得的，因为这涉及一段相当值得关注的成功史。从远古至今，我们以快得令人惊奇的速度走了很远。刚开始的时候，我们在食物链上的位置大约处于绵羊和狮子之间。如今，我们可以满世界地发推文，我们用神经元建造微型脑来测试药物，我们操控人类的遗传物质，并且研发超级智能。如果说到地球的历史，那在我们面前有四十五亿年。大约三百万年前，有了第一批使用工具的人猿。从大约十五万年前起，存在和我们外形相同的人，而最早从七万年前起，才有了会思考、会做计划的人。如果人们把四十五亿年的地球历史摆在眼前，那么七万年连纳米级的眨眼都算不上。如果说整个的地球历史是一部一百分钟的电影，那么从人开始劈凿石头，到成立北约、谷歌，发明机器人的这段时间，只是一秒钟的极小一部分，但是就是在这一段时间里，实在发生了太多对我们来说有趣的事情。

现在，我要讲一讲我作为外行的特殊优势。我是一个记者，也就是说，正好是一个专业人士的反面。对于本书的读者来说，这却是一个巨大的优点。人们只需读一下尼采，就会了解到，如果一个人思想太深刻了，最后会怎样。如果人们知道得太多、懂得太多、看到太多的关联、拥有太多的信息，那事情就不可避免地结束于彻底的混乱。只有我敢于空缺的勇气、敢于忽视细节的勇气以及对本质的东西（或者说我认为的本质的东西）的专注，才使我有能力在丰富的材料面前进行完全疯狂的、审视人类历史的冒险活动。只有当你信赖像我这样一个外行人的简化，你才会获得一个了解世界史全貌的机会。在此，我援引伟大的记者和文化哲学家艾功·弗里德尔（Egon Friedell）对外行的一个深刻辩护。当弗里德尔听到别人说他是外行时，一点儿也不觉得受到了侮辱。相反，据弗里德里希·托尔贝格（Friedrich Torberg）报道，作为戏剧作家的弗里德尔曾遭到一家维也纳报纸的严厉批评。"判决"是这样的："我们再也不愿在维也纳见到这个酗酒的、慕尼黑的外行！"对此，弗里德尔给报纸编辑部写了一封信，大意如下：我不否认，我偶尔好酒，在"外行"这个词里，我也没有看到什么负面的东西。外行正是做他爱做之事的人。但是"慕尼黑的"一词是要负法律后果的。在给马克斯·莱因哈特（Max Reinhardt）的一封信中，弗里德尔曾解释说，所有的人类活动，只有当它们由外行从事时，才具有真正的生命力。"只有外行，也被合理地称作爱好者或业余爱好者，才与其对象有一种真正的、人的关系。"

简化是讲述历史唯一可行的道路。即便是以最严谨的态度研究历史学，也总是离不开整理。整理必然意味着：分门别类、阐明、诠释、事后重建关联。科学不外乎是建立秩序的尝试。否则，那只是一盘不清晰、没有相互关联的数据和信息散沙。无论是谁，一旦他开始列举，谁曾经在哪儿当统治者，他就已经陷入了执拗的范畴化和秩序化的泥沼。伟大的金融数学家纳西姆·尼古拉斯·塔勒布（Nassim Nicholas Taleb）——他的《黑天鹅》是现今最有影响的书籍之一——就把人类渴求对事物进行编排归纳的天性称作"柏拉图性"。编排和建立关联，这才使人成为会思考的人。思考意味着在大脑中建立关联。数据越有序、连接越必然，成为范例的程度就越大，它们就会更加容易地被大脑存储、被继续讲述、被写进书里。塔勒布写道，我们需要可把握的、清晰的、夺目的、已被整理的和浪漫的东西。抽象的东西，则非我们所长。但我们不能忘记，整理、编排经常只在事后发生。回顾的时候我们总说，这或那肯定会发生。例如，因为这个或那个事件，所以"法国大革命"或者"一战"肯定会爆发，等等。但这是一个思维错误，因为当这事或那事发生的时候，没有人知道什么东西正在萌发。从 2001 年 9 月 11 日起，每个人都能对伊斯兰恐怖主义现象作一番解释，但是在当年的 9 月 10 日，几乎没人能解释。顺便提一下，这也意味着，后代如何评价我们，我们可是也一点儿预感都不会有。

历史并不是保存客观真实的科学。有时候，童话在浓缩的意义上，包含的真理比充满事实的卷宗还要多。亚当、夏娃的故事讲述人类反抗既有的秩序；巴比伦的吉尔伽美什史诗讲述人类如何奋起、如何与毫无恻隐之心的自然规律——死亡——奋战。也许这些才是最真实的历史。也许历史书写的重点并不是科学上的准确，而在于它的治愈作用。也许我们讲述历史，只是为了安慰我们自己。我们意识到了自己的时间性，或者我们借此能给自己一种持续、恒定的感觉。

雅典，我现在所处的地方，是戏剧的发祥地。当时戏剧有着被清楚定义的目的，即给我们提供观察自身的机会，以及看到舞台上呈现出的我们自己的欲望和阴暗面的机会（在安全距离下）。雅典的戏剧其实就是被导演的自我疗愈的集会。

历史之所以还不可能是科学，也是因为一切都取决于谁在哪里讲述什么。我们以叙事的方式思考。历史总是首先意味着讲故事，因此，在这本书中我总是一再援引神话和小说，也可以说是合法的。历史在科学的意义上凝聚在神话和小说中。如果说在未来的几年，一个生活在金沙萨（世界上发展最快的城市之一）的刚果人将要写一本世界史的书，那么他的书肯定和五百年前生活在喜马拉雅边上的野马王国[1]里的佛教徒所写的书不同。当然他们的书和我（一个衣食无忧、用笔记本电脑在雅典写作的白人）的也不同。我并不拥有外在于我的视角。

我怎样写？你有何期待？哲学家雅斯贝斯，他绝不是一个简单的人，他把人类历史划分成四个阶段。他写到，人类曾四次为自己创建新的基础。第一阶段是语言和工具的产生。第二阶段，人类不再狩猎和采集，而是播种、收获和建立庞大王国。第三阶段，耶稣基督诞生前的第一个千年，雅斯贝斯为此找到了一个漂亮的词汇"轴心时代"。在这一阶段，我们在精神上仰望星空、进行哲学思考、制定理念框架，世界宗教也产生了。第四阶段就是我们的时代，科学技术的时代。像任何划分一样，这个划分也是荒谬的，但十分有用。我在很大程度上赞同雅斯贝

1 野马王国（Mustang）曾是位于喜马拉雅山边的一个独立的佛教王国，现在该地区属于尼泊尔。——译者注（本书中译者注用阿拉伯数字编号，作者注用星号标记）

斯的划分，并把这个智识性的形式感再往前推进一步。在每一章的结尾，我都整理出了一个 Top 10 列表，以此来总结此章中我谈论过的话题。有本事你自己来试试，雅斯贝斯！

对于心急的读者，我先写一个世界史概览作为第一章，然后是其他九章，每一个章节都从不同的视角出发，把世界史当成一个整体来对待。第二章是人类历史上最重要的事件。第三章是根据重要城市的崛起来描绘世界史。接着是历史上的英雄、伟大的理念、伟大的艺术品、划时代的发明。还有两章纯粹为了调节下口味，一章是关于最大的恶棍，另一章是关于伟大的言辞。最后，我很遗憾，我们必须谈谈世界的终结。为了不让你心情太灰暗，会有一些令人惊喜的有关历史的内在关联的洞见在等着你。

你会发现在这本书中，好多人名、事件和日期不见了。是的，这不是一本世界史手册。无论如何，这本书并不涉及战争和革命的具体年份，也不涉及具体某个统治者的姓名。我从来不相信，真的有人对公元前 400 年以前的雅典人的生活感兴趣，或者对公元 10 世纪的罗马人的忧愁感兴趣。历史真正让人感兴趣的，比方说，是那些从古雅典人的视角来看的我们的问题，是那些那时候的人提出的，但对我们仍有现实意义的问题。根据修昔底德[2]的观点，历史无非是通过事例来讲授的哲学课。这本书里的例子更多的是和今天的我们有关系的例子。你面前的这本书不是一本简明教材，也不是一本工具书。

还有一个预警：这本书里并没有我的原创思想。我必须再次明确地请大家警惕历史上的所谓原创思想。谁读过斯宾格勒，谁就知道我的警告是什么意思。斯宾格勒认为，文明就像具有生命时限的水果，它们从开花到腐烂大约持续一千年，然后覆灭。一切都按照命运的流程进行。在这里，我以最恰如其分的严肃性发誓，我不提出原创性的观点。所有关于人类的核心思想在我之前曾被千百次地思考过。世界历史是如此之悠久，千百年来生活过和思考过的重要人物是如此之多，以至于只有很少的新东西能被发现和被讲述。这最后一

2 古希腊历史学家、文学家，著有《伯罗奔尼撒战争史》。

个想法倒是我的，但可惜我已经在一个叫歌德的作家那里发现了这个想法的书面表述。它现在就不是我的想法了吗？为了抢在所有印刷出版之前，保险起见，我在这里承认，我作为"侏儒"是站在"巨人"的肩膀之上的。这样也挺不错。

这里有一个简短的概览：对于古代早期，我受扬·阿斯曼[3]影响很大；对于古代，给我巨大影响的是伟大的芬利爵士[4]；对于古代晚期，是彼得·布朗[5]；对于中世纪，是雅克·乐高夫[6]（很遗憾他在2014年去世了，享年90岁）。柏林伟大的文化史专家和精神史专家亚历山大·德芒特的书给了我写作的方向，还有诺贝特·埃利亚斯、雅斯贝斯、波普尔和以赛亚·伯林，因为社会学家和哲学家最终都是充满洞见的历史书写者。以赛亚·伯林大概是我们这个时代最伟大的自由思想家。我有幸在他去世以前，在他的书房里拜访过他，和他辩论了启蒙运动和自由主义的问题。

3 扬·阿斯曼（Jan Assman, 1938— ），德国埃及学家、宗教学家和文化学家，海德堡大学教授。

4 摩西·芬利（Moses Finley, 1912—1986），英国古史学家，剑桥大学教授。

5 彼得·布朗（Peter Brown, 1935— ），英国古史学家。

6 雅克·乐高夫（Jacques Le Goff, 1924—2014），法国古史学家。

但给我最大动力的是我的朋友赫拉利，耶路撒冷大学的教授。没有他的《人类简史》一书，就没有我的这本书。在我 2014 年秋天拜访赫拉利时，他刚刚完成《人类简史》一书的续写。在我写这本书时，他给了我很多有价值的建议。

« Der heiße Indus und der kalte Araxes berühren sich, Perser trinken aus Elbe und Rhein, die Gött in des Meeres wird neue Welten enthüllen, und Thule wird nicht mehr die äußerste Grenze der Erde sein. »

—SENECA

『酷热的印度河紧邻寒冷的阿拉斯河，波斯人饮用易北河和莱茵河的水，大海女神将揭示新的世界，极北之地不再是大地最外在的边缘。』

——塞内加

坚果壳
四十五亿年快速一瞥
NUSSSCHALE
4,5 Milliarden Jahre im Schnelldurchlauf

1

这一章我们快速讲述，反正没有人知道历史的开端。但是在大约一百三十亿年前发生的事情，人们却知道得相当清楚：一个极小的宇宙以极大的能量爆炸，星体相互飞离，就像那些在不断膨胀的气球上的斑点。空间、光和时间诞生。没有人能说清楚，为什么发生了这一切。但是大爆炸的情形和时间，人们可以根据总是爆炸般地相互远离的星体间的距离进行判断。

在这里，我们跳过这有点儿让人恐惧的宇宙大爆炸和地球漫长的形成过程。由于重力的原因，宇宙膨胀时产生了气体星球和固体星球。我们的太阳，一颗很小的恒星，在大约五十五亿年前产生。地球比太阳年轻十亿年，它忠诚地围绕着太阳旋转，但在很长一段时间里，它并不是一个宜居的地方。在四十多亿年的时间里，地球上的一切都炙热、噼啪作响。在极长的一段历史（三十五亿年）里，我们的星球就像一锅汤，汤里的主要配料就是藻类。没有人想知道，在那三十五亿年里，晚间新闻播出了什么内容……

然后在大约五亿年前，出现了非同寻常的东西——生命。这就是所谓的"寒武纪生命大爆炸"。用我们上面的时间尺度来看，这一切的发生简直快如闪电：植物、硬壳动物、第一批小鱼、两栖动物、昆虫，最后还有爬行动物和鸟类。在极短的时间之内（地质意义上的很短，其实也有数百万年之久），生物多样性突然爆发式出现，生长、蜂拥、爬行、飞翔、蠕动，不一而足。然后地球被一些小行星或者彗星撞击了，一些动植物死掉了，为其他物种的出现腾出了空间。

现在我们快进一下，跳过那漫长的四亿九千七百万年。从大约三百万年前开始，地球又变得有趣起来，因为有一种动物的行为与众不同。一些猿猴的种类——像所有的猿猴一样，都可以溯源到吃昆虫的松鼠科动物——开始有非同寻常的行为举止。它们直立行走，由此解放了双手。大自然进化出了好几种人猿类型。就像有不同种类的狗和鸟一样，在大约两百万年的历史里也存在不同的人的亚种。在欧洲和西亚进化出了尼安德特人（Neandertaler）。在亚洲还有梭罗人（*Homo soloensis*）和身材矮小的弗洛里斯人（*Homo floresiensis*）。弗洛里斯人曾作为"霍比特人"（Hobbit）出现在文学作品中。直到一万两千年前，这种小矮人才灭绝。

在公元前 300 万年和公元前 7 万年之间，技术进步出奇地缓慢。在第一个手斧问世之后，几百万年内没有出现手斧 2.0 的版本。到处都找不到一个乔布斯。较晚近的时候，就是上文提到的公元前 7 万年左右，大脑中的一个神经连接把众多人种中的一种（东非的智人）大大地向前推进了一步。它的革命性缺陷之一就是把早产儿带到了世间，但这种缺陷大概促进了交流能力的发展。智人们不再只是把闲散的石器收集起来，而是突然间有了正规的石器加工车间。组织能力和技术能力爆炸性发展。我们交谈、绘画、游戏、计划、进行商业活动。人类成了思考的人。所谓的认知革命开始了。但认知革命发生在我们身上的时候，智人的数量很少。一些自然灾害，比方说火山爆发，导致智人的数量在大约七万年前萎缩到几乎不到一万人。这首先意味着，我们曾经几乎灭绝，其次，我们大家都是近亲。英国女王、墨西哥大毒枭"矮子"以及"猫王"埃尔维斯·普雷斯利，从基因的角度看，和读到这个段落的每一位读者一样都属于同一个家庭。

在大约一万两千年前，最具里程碑意义的事情发生了：定居。我们不再只是采集和狩猎，我们种植、收获，在一个地方待着。在传统的、无拘无束游荡的文化和定居的文化之间也许不乏冲突，但定居者胜利了，因为他们能够大量存储食物和能量。但为了能够养活不断增长的人群，他们又不得不生产更多粮食和能量。从此刻开始，人类不再有退路。

然后一切发生得如此之快，以至于人们几乎跟不上。有了财产就有了计数和书写，有了定居就有了需要保卫的家园。提前计划成了必要的事情。有很多需要关注、处理以及守护的事情。为了安全和守卫，城墙、瞭望塔楼以及武器都登上了历史舞台。人们必须找到能组织守卫工作的首领，不断增长的人口要求贮存食物，食物供应是否充足取决于天气。统治者开始膨胀，他们拿走种植者的剩余产品。祭司也登上了历史舞台，因为人们相信，祭司们知道如何阻止干旱的发生。金属的生产促进了不断增长的劳动分工，社会阶层产生了，这又需要协调组织。我们建立城市，发动战争，组建民族和大的王国，修建水道，发明齿轮、中心供暖、微波炉、上市公司以及心脏起搏器。

　　历史的通常写法是，在农业革命后历数那些伟大帝国。按照传统，要从苏美尔人和亚述人讲起，然后讲述传奇的巴比伦，添上一些细节，比如总要提到宗教、妓女和一些下流笑话；人们还要描绘一次又一次的民族迁徙浪潮，通过这些迁徙浪潮，来自亚洲荒原和中欧东部的氏族部落被挤向南方，并遇到其他部落。于是人们把目光转向波斯人，随后是埃及人，然后转向中国和印度河畔，直到最后希腊人和罗马人出场。这颇富娱乐性。但最后，总是在我们星球的某个角落里，一个游牧民族战胜了另一个，一个古代文明战胜了另一个。其实，比历数上述这些事件更有趣的是，这些原本孤立的文明是怎样快速地变成了一个相互关联的世界的。美索不达米亚平原的统治者，在公元前 13 世纪的时候还可以毫无愧色地宣称他是"四方世界之王"，因为他对中国的王一无所知，而他们两个谁都不知道玛雅文明这回事儿。他们完全可以互不干扰地生活在同一个星球上。

在公元前 4 世纪，从地中海到印度河，亚历山大大帝建立了许多城市。公元元年左右，世界各族人民已经有了接触。尼禄的探险队直抵尼罗河的源头，耶稣的门徒托马斯在印度河岸布道。在那之后，阿拉伯人掀起了占领地中海地区的浪潮。到了公元后第一个千年之末，犹太人、基督徒、维京人还有中国人，携带货物漂洋过海，商贸往来跨越大陆。

在十字军东征后的 12 和 13 世纪，世界相互纠缠得如此深刻，以至于教皇为了抵抗穆斯林向远在中国的蒙古人写信求助，以至于希腊古文献的译本从阿拉伯世界涌向西欧，以至于产生了世界性的大学，产生了有约束力的国际性法律规定和世界性商业都市。在语言使用中，"全球化的反对者"可谓是最愚蠢的词汇之一，就像"植物生长的反对者"一样。从至少 2000 年来，被我们称为全球化的相互交联正以不断增长的速度全力地、不可阻挡地突进。诚然，宪法学家卡尔·施密特的很多著作都是有争议的，但是他的一本小书《陆地与海洋》却是无可争议的天才之作。该书是他在第二次世界大战期间为自己的女儿阿妮玛写的，试图为女儿解释这个世界。施密特把人类历史描绘成空间征服的历史。

其中最富有成果的"空间革命"（施密特如是称呼），便是迈向海洋的步伐。首先是沿着海岸线航行，然后是进入未知的宽广大海。他描述了维京人、捕鲸人以及海盗是如何成为第一批敢于冲进宽广海洋的人的。然后是 15 和 16 世纪，在科学和军事上都装备精良的民族国家，又通过维京人开辟的航线占领世界海洋。那是占领美洲的时代、是世界贸易的时代和世界帝国的时代。沃尔特·雷利爵士[1]的

[1] 沃尔特·雷利爵士（Sir Walter Raleigh，约 1554—1618），英国伊丽莎白时代著名的冒险家、作家、诗人、政治家。

话被证明是真理："谁统治海洋，谁就掌控世界的贸易；谁掌控世界的贸易，谁就拥有世界上所有的宝藏，谁就真正统治这个世界。"施密特将不同的空间革命进行归类具有独创性，因为他作为第一人命名了"全球化"现象。英国崛起为最大的海洋强国，并且由于机器的发明，也成了最大的机器强国。第一台蒸汽机 1770 年在英国被发明出来，同样是在英国，1786 年有了第一台机械织布机，1804 年有了第一辆蒸汽机车，1825 年第一次实现了人员的轨道运输。在 19 世纪中期，大不列颠几乎就是一个全球性的超级大国。1847 年，那时的英国首相迪斯累利在《坦克雷德》一书中这样畅想——英国女王应该把自己的王宫从伦敦迁到德里。像东印度公司这样的英国公司甚至比今天的谷歌还强大，它们拥有自己的军队，可以自行决定战争与和平。在 19 世纪和 20 世纪之交，美国渐渐地取代了它的前主子、殖民帝国英国，最终成为对世界有决定力量的大国。

沿着卡尔·施密特的思想继续推论，可以认为在 1835—1910 年，电报、广播、收音机以及电话的发明进一步打破了空间的界限。1850 年，第一道海底电缆在欧洲和美洲之间铺设；1866 年，西门子公司生产出了发电机；1903 年，莱特兄弟第一次试飞机械动力飞机。1913 年有了战斗机，不到十年，在德绍（Dessau）的飞机制造厂已经开始大批量地生产客机，1931 年泛美 [2] 进行了第一次长途飞行（从迈阿密到布宜诺斯艾利斯）。1969 年，空间界限最终消失，因为在这一年人们实现了电脑间的数据传输和登月。而今天为了能够影响地球的另一端，或者操控太空中的一个卫星，人们不必再亲自搭轮船或飞机，鼠标一点就已足够。整个世界一体化了。曾有这样的时代，那时在每一个河谷、每一个部族里人们都有自己的祭祀礼仪，世界不同的地方有着不同的计数方法、建筑方法以及埋葬死者的方法。而今天有世界宗教（严格地讲，允诺着救赎的纯粹世俗的民主自由主义也属于世界宗教）。我们在需要时使用着同样的计数系统，生活在几乎相同的建筑物里。

2 即泛美世界航空（Pan American World Airways），自 1930 年代至 1991 年倒闭前，一直是美国的主要航空公司。

现在世界上所有地方都和"全球

化"有关联。这种关联背后的动力是什么？首先是
贸易，还有征服，以及宗教。从某个时刻起，一个
部族的想法对另外一个相邻部族来说再也不是无关
紧要的，从那时起一种全新的因素进入了历史。这
大约是从公元前第一个千年开始的。在欧洲还有另
外一个促进关联的强劲因素：科学。那些早期的征
服者，无论是波斯人还是蒙古人，都贪婪地并吞着
新的民族和部落，目的只是为了囤积财产。他们中
倒也有天文学家和数学家。近代欧洲的征服者拥有
让一物为另外一物服务的能力，例如科学服务于商
业和战争，商业服务于宗教，反过来也一样。16 和
17 世纪，信奉基督教的航海者不仅怀着对经济和帝
国主义的兴趣，也心怀科学和宗教兴趣。征战队同
时也是探险队和布道队，他们战舰的甲板上总是站
着科学家和神职人员。

　　基督教散布救赎的渴望同科学和商业的力量联
手，为征服世界提供了绝好的条件。去争论哪些因
素起着决定作用无疑是浪费时间。无论它是商业、
宗教还是科学都无所谓。重要的是它们相互交织、
共同发挥作用。由此产生的力量是巨大的：欧洲向

美洲的扩张、第一座天文台、地球仪、还算不错的世界地图、邮局、可携带的时钟、教堂的大钟、书籍印刷以及火药。火器把战争变成了战争机器，把士兵变成了人力材料。印刷机的产生也导致了思想爆炸。随着活字印刷的普及，虔诚抄写古代流传下来的文本的时代过去了，现在词语和句子连接的可能性同样是无限的，也是向大众敞开的。不同的观点都可以得到传播。

大众的时代开始了，资本主义开始了。在那个思想通过印刷机的普及而解放的时代，名叫路德和加尔文的人构思出了解释世界的新理论。他们布道说，财富不必是耻辱，骆驼和针眼的比喻[3]可以有不同的理解。他们说，财富也可能是上帝称心满意的表征。于是一个阶层就此诞生，他们试图通过经济上的成功来不断重新确认自己不会下地狱。为了证明自己的虔诚，他们把财富投入他们的企业，而不是被自己挥霍掉。由此，巨大的商业帝国产生了。奢侈品的生产成为重要的经济

---

3 骆驼和针眼的比喻源于《圣经》："耶稣对门徒说：'我实在告诉你们：财主进入天国是难的。我又告诉你们：骆驼穿过针的眼，比财主进神的国还容易呢！'"（太19：23—24）。

因素，促进了类似手工业者和其他能工巧匠这类新阶层的上升。他们逐渐排挤老的精英阶层。老的精英阶层也逐渐失去了自己的地位，被迫开始向新富们借钱。1789 年的法国大革命是市民 - 商业阶级彻底的权利攫取。至于被剥削的工人阶级的反抗还早得很，而这个新的统治阶级赤裸裸地利用自己的自由，已经是一百年后的事情了。

　　资本主义最重要的发动机是金融业，就像它出现在欧洲时那样。有了金融业，不仅坐拥大量抵押资本的地产大亨们可以贷款，那些没有土地，但是勤奋能干、有想法的人也可以贷款。当然在东方和远东也有富人、手工业者和商人，但只有在欧洲才如此早地、如此必然地产生了像法律保障这样的东西。这一点对欧洲的资本主义发展极有好处。之所以说必然，是因为在如此狭窄的空间里众多不同的群体和民族不得不相互往来、并存。在东方和亚洲的文化里，空间更大，冲撞也就更少，财产在肆意的掠夺面前，根本没有保障。欧洲的传统则是另外一副模样。在欧洲，

就连统治者也不得不　　·相关细节可以阅读狄更斯的作品。

偶尔向教会的权威低头，相反的情况也会发生。不同的权力，首先是世俗的和宗教的权力，在这里始终处于争端之中，因此一个越来越完善的法律系统是必须的。早在 13 世纪，欧洲的商人就获得了特殊的、法律保障上的特权。有安全通行证、关税税则，也有市场监督来控制交易中的合法与诚信。这促进了展会城市和交易场所的产生。直到今天，人们还喜欢在瑞士进行投资活动，富有的俄罗斯人和阿拉伯人最喜欢把钱带到日内瓦湖畔，或者在伦敦主教大街修建自己的豪宅。

这台叫作欧洲的世界改造机器，自从它向美洲扩张以来，不仅把地球变成了一个村庄（每一个机场、酒店、超市，无论它在世界的哪一个角落，看上去都大同小异），也促使了人类的共同生长。人类像杂草一样蔓延开来。在公元前后，地球上只有 3 亿人口。1700 年左右工业时代刚开始时，才差不多增长了一倍多；到 1900 年，人口达到了 16 亿；可从 1970 年到今天，世界人口已经达到 73 亿，比1900 年增加了数倍，死亡率却保持不变。如果医疗水平保持这样飞速的进步，我们的世界真要变得拥挤不堪了。所有人都需要食物，都需要能源，都想看电视，都想开空调。现在我们的星球已经是垃圾堆和购物中心的混合物。在地球上的很多地方，像饮用水这样的资源已经十分紧缺。雅斯贝斯说："人类这种有着历史后果的跃进可以被理解成一场灾祸……影响历史的一切最终都破坏着人类。历史是一个毁灭的进程，看起来也许像一场壮观的焰火。"

让人乐观的地方也是有的。世界范围内，人类的寿命是前所未有的高，我们战胜了很多疾病，儿童的死亡率也是前所未有的低。如果人们把地球公民的卡路里摄入量作为比较的基础的话，那么当下公民们的状况远远好于两千年前、一千年前或一百年前。今天，8亿人生活在极端贫困之中，这意味着，他们每天能支配的金钱不超过1.25美元，但是在1990年，极端贫困的人却有16亿之多。工作的中产阶层比1990年增加了三倍多，出现这一现象的原因首先是中国和印度经济的崛起。人类甚至变得更加正直。一百年前，如果一个部族袭击相邻部族并进行屠杀，那是十分常见的事情。五百年前，如果在世界某处发生一起集体屠杀，我们根本不会得知。但在今天，如果一个独裁者犯下了种族灭绝的罪行，晚间新闻就会被此事刷屏，等待他的将是海牙国际法庭的审判。在 18 世纪的英国，人们还可能因为扒窃而获绞刑。如果谁怀着安宁祥和的期待乘车穿过歌德时期的魏玛，他会亲历几起砍头事件。一百年前，一个国家侵犯另外一个国家是再正常不过的，如今这样的事情会引起一场国际危机。今天，战争牺牲者的数量已经降到了历史最低水平。夜里，我们可以安心地躺下，不用担心会被邻村的人袭击。和过去的时代相比，在地球的大部分区域里，人们都生活在前所未有的和平和无暴力的时代。

至于所谓的进步，粗略地说，有两种观点。其一：迄今，人类始终可以信任自己的创造能力。人总能用令人惊奇的、天才的技术革新应对生存困境。我们没有理由担心，下一次危机时我们无法应对。谁知道呢？也许当地球太拥挤的时候，我们会在火星或其他地方建设外星殖民地。其二：进步导致人类的自我毁灭。有些人知道"火鸡说"，这个名词源于美国的一种风俗。感恩节时，一家人要吃掉一只大火鸡，而这只火鸡认为，它过着一种美妙的生活，因为它每天被喂养。它的经验告诉它，人关心的只是它的健康。它的信心随着友好的喂养次数不断增长。它感到最安全的时候是在感恩节前夕……

« Ich habe noch nie einen nennenswerten Unfall erlebt. In all meinen Jahren auf See habe ich nur ein einziges Mal ein Schiff in Not gesehen. Ich habe nie einen Untergang miterlebt und war auch nie in einer gefährlichen Lage, die zu einer Katastrophe hätt e führen können. »

— JOHN EDWARD SMITH,
KAPITÄN DER « TITANIC »

『我还从来没有经历过值得一提的事故。在我的海上生涯中，我只见过一次船只遇险的事情。我从来没有经历过沉船，从来没有身处过一个可能导致灾难的危险境地。』

——约翰·爱德华·史密斯，泰坦尼克号船长

世界史的大爆炸时刻
最重要的事件总是事后才被认出

Die Big-Bang-Momente Der Weltgeschichte
Die wichtigsten Ereignisse erkennt man erst im Nachhinein

2

作为新闻消费者，我们习惯于不能错过任何重要的事件，但那些最重要的事情在发生前却没有"大事件提醒"（Breaking-News-Alert）。事后我们把日期和年份这样的数据一一装订在各个事件上，据此遮蔽了日期本来只是标记的事实。这些标记是我们事后用来说明事件的，而事件总是悄无声息地就展开了。我们事后说"1789年7月14日，巴士底狱被攻陷"，我们眼前浮现着疯狂的、意志坚决的革命人士，手中挥舞着三色旗。事实上那一天被关押在巴士底狱的不过半打人，其中有一个名叫格拉夫·宋拉日的道德败坏的流氓，还有一个拖着长长的白胡子、自称凯撒的爱尔兰人。在那据称是充满戏剧性的一天，法王路易十六像平常的每一个早晨一样参加了祷告仪式，吃了一顿丰盛的早餐，晚上他在日记中写道"Rien"（无）。这个"无"说的是他那天狩猎的收获。

农业革命，也许是文化史上最重要的转折点，历时几百代。认知革命，人类最重大的转折点，用了几千年才完成。然而，用我们这里所使用的时间尺度来回顾这段历史，认知革命却像谜一样突然。显然，历史的特点就是有其大爆炸时刻，有其加速推动的时刻。但这些时刻只有在适当的时间间距下才是可见的。比如说，这会使气候变迁这一有现实意义的问题成为一个心理上的挑战。气候影响研究领域的权威舍恩胡贝尔教授说："气候变化就像在超级时间放大镜下的小行星撞击地球。"因此，我们人类的防御反应并不起作用。很显然，我们的大脑是这样设置的，它对悄悄地、慢慢地发生的东西不能很好地加工处理，但是对于突然的灾难却能极富创造力地做出反应。因此，当我们开始列举世界史上最重要的事件时，我们就必须压制我们关注突发事件的习惯。

认知革命

认知革命必须处于人类史的开端，因为人类的存在从这里开始。但有一点人们必须清楚：与此相关的最重要的问题必须保持未决状态。这个问题就是，为什么恰恰是人成了人？尽管这听起来荒谬，但却正是最核心的问题。有人说，"人"（mensch）这个词来源于拉丁语的 mens，而 mens 有如下含义：记忆、理解、思维能力。这种思维能力不仅让我们能够表达所见的事物，还能让我们表达想象中的事物，于是我们有可能共同遵守规则和执行计划。我们能够有意识地做这一切，要归功于大脑的某次神经连接。原则上这一连接其他种类的人猿或者另外一种动物都可以轻易获得。为什么偏偏这种神经连接降临在智人身上，而不是（比方说）尼安德特人呢？为什么蚂蚁或者松鼠没有发展出这种思维能力？尤其当我们看到其他的能力，比如飞翔能力可以跨越动物种类地发展，思维能力独属智人就越发令人惊奇了。为什么偏偏是智人得到自然演化的偏爱？这个"为什么是智人"必须保持无解的状态，而"如何获得"现在已经被我们弄明白：这当然和性（sex）有关。

　　大约七万到四万年前，我们的大脑里发生了什么，长久以来，这一直是科学上的谜题。人们只知道，在整整两百万年的寂静状态后，有一种人猿（就是我们所属的）展示出极强的创造力，从那时起，创新开始迅猛增长。长期以来，人们猜测可能是大脑中的基因突变导致了这次爆炸式的发展。现在，我们甚至相当清楚地了解头脑中发生了什么。我保证，我马上揭晓答案，但是为了能够理解它，让我们首先在这幅图景旁逗留一下：我们星球的历史是一个关联的历史。我们的大脑也是一个宇宙，在这里，关联扮演着关键的角色。谁有智慧，谁就会联想性地思考、建立关联。

　　我们的大脑几乎和电脑一样，用一些相互独立的"部门"对事物进行反应。头脑中有一个区域是负责社会能力的脑区，据此，比方说，我们可以看出一个人的目光是友好的还是愤怒的。另一个区域是负责指导工具制造的脑区。除此之外还有负责自然知识的脑区，据此，我们可以预测天气，区分无害和危险的动物，等等。但数十万年来，这些负责各种能力的脑区却独立地发展着。七万到四万年前，这在进化史上是一个极短的时间，这些脑区不再孤立地工作，而是开始互相关联。从此一发不可收拾：组织和交流能力爆炸式发展，除了石器，还有了制造石器的车间，工具变得越来越复杂。在种群内部有了主管部门，有了劳动分工，有了等级。装饰和绘画产生了，还有了音乐！

为什么不能一步完成？对于程序员来说，答案很好想象。在写一个复杂的软件程序时，人们并不是一开始就把所有的功能与链接都施加给它。首先人们建造一个简单的基础，让程序在其上运行。然后像搭积木一样添加更复杂的任务。只有当所有模块相互独立稳定运行的时候，人们才最后把它们都连接在一起。然而就是从负责社会知识和自然知识的脑区相互连接的那一刻开始，事情才变得有趣起来。从进化生物学上讲，这一步是女人强加于我们的。比如说，一个早期的智人女性可能发出这样的信号："给我带一头熊回来，否则就不要靠近我！"此时，雄性必须在大脑的社会中心和实践中心之间建立起关联。那些懂得为获取社会好处在自然中利用自己实践能力的男人，打破了脑内各自分立的能力区域，并因此通过了进化的筛选。

　　科学上讲，从我们脑内的这一改变开始，我们不再是智人，而是"智智人"。人类把自己丰富精细的语言也归功于这次神经连接。动物同样能发出警告，甚至区分各种不同的威胁，但人类（就像赫拉利描述的那样）不再仅仅喊出"小心，有狮子！"而且能够把狮子画到墙上，并说出这样的话："这头狮子是我们部落的保护神。"他可以用语言创造现实，可以互相报告、讲述那些发生在过去和未来的事情。他还可以议论他人，可以进行大规模合作，按照约定的规则行事，创立大家都信奉的法律（或者说大家最好必须信奉它），建立城市、王国和巨大的商业联合体。从认知革命开始，人们才有资格谈论人类历史，此前我们只是众多有天赋的动物中的一种。认知革命的时间跨度是从大约七万年前到一万两千年前的农业革命。它是人类历史上最长的（也许是最成功的）一个时期，然而这五万八千年的时间在大多数的历史书中（也包括我这本）只用几句话就结束了讨论。在欧洲人的视角里，历史书写只有在人类的定居、文化和帝国的产生的那一刻才开始。

农业革命

农业革命是人类上升为世界统治者的开始。只要人还是作为采集者和狩猎者游走于陆地上，那么他在地球历史中就仍是配角。当人开始定居，卷起袖子成为农民时，他才获得了主角的地位。从某个时刻起，人类解码了自然的秘密，从而可以操纵自然，只要他勤劳，就能使食品供应不断，甚至还有剩余。这样的时刻才是人类崛起史的开端。在人类漫长的历史中，这一步被形象地描述为对上帝权力的直接挑战，这也不无道理。亚当和夏娃不愿只是被造物，他们希望自己也是创造者，他们希望能独立决定生死与善恶。狮子不再是让人惧怕的敌人，而是和人争夺食物因此需要被根除的动物。人类还需要决定哪些谷物可以生长、哪些森林和野草应该被消灭。该隐和亚伯的故事是一出世界历史的戏剧，它清楚地展示了从游牧文化到农耕文化所必然发生的事情。"亚伯是牧羊的，该隐是种地的"（创4:2）。谁达到了目的，以及如何达到了目的，大家都知道。有趣的是，亚伯和该隐的故事无疑是从亚伯这个受害者的视角来讲述的。这个故事是人类的一个解释尝试，它试图解释是什么闯入了人类，由于其扩张，传统文化被打压、被排挤，并且部分地被消灭。从古老的、游牧文化的视角来看，"新人类"（以该隐为代表）的不寻常的、残暴的行为显然应该被诅咒。

从"逐出伊甸园"（这是我们对农业革命的另外一种可能的称呼）开始，在获取食物方面，人类不再把一切都交付给众神的慷慨了。现在人自己做主，他能够储藏食品，生活不再那么匮乏。但奇怪的是，生活也变得更加艰难了。伴随着定居和食品量的增长，人口也增长了。人们必须越来越多地生产。悠闲不复存在了。这几乎是新石器革命悲剧式的、矛盾的命运，一方面革命带来了生活水平的显著改善，但另一方面它也导致了人类充满艰苦劳作的生活。然而人类的躯体并不是天生为翻耕土地而

设的。农业意味着必须养活越来越多的人。农业也
意味着狭窄空间里的人口爆炸，并且于此容易滋生
细菌和传染病。农业意味着，谁能创造剩余，谁就
取得优势。这就唤起了贪欲。随着粮食的贮存，一
个有产阶级和一大批充满欲求的民众产生了。谁在
有很多粮食的人那里存放自己的谷物，谁就会得到
书面票据——钱。农业也意味着对技术的推进。为
了获取食物，最好的发明者不必去狩猎，只需做他
们能做的：为农业制造有用的工具，为战争做武
器，为头领做装饰品。

经济学家、欧洲统治恐慌论者瓦鲁法克斯说，
人类的两大变革，农业和工业革命，最后证明是
双双失败的。这两次革命本应该让我们生活得更
轻松，但却都把我们变成了舒适的奴隶。农业革
命导致了土地耕作和苦役；工业革命，就像卓别
林在《摩登时代》里向我们展示的那样，强迫人类
在巨大工厂的齿轮之间运转。尽管这话是瓦鲁法克
斯说的[*]，但很遗憾它还是有些道理的。现代人活
得"不自然"，他的
身体（和灵魂？）都

[*] 参见瓦鲁法克斯：《是改变的时候了》，
2015 年版。

被毁坏了，并且觉得自己深陷在义务和强迫的网络中——这些谁能否认呢？社会学家诺贝特·埃利亚斯终生研究文明的产生，他用人类互相依赖的程度来定义文明的程度。我们的人生和别人的人生纠缠得越多，我们文明的程度就越高。从某个时候起，出于舒适的原因，人们已经不再能够和先前的农业社会脱钩，但首先是因为我们成了复杂的、相互关联的共同体的一部分。人们有了义务、规则和习俗。

人们不会放弃农业计划，即使该计划被证明是非常艰辛的，因为捕鼠器已经不声不响地合上了，由此我们又处于一个听不见声响的大爆炸之中。一切都按计划进行。人们从采集野小麦到对种植的小麦进行加工，这个过渡无比缓慢，以至于人们毫无所察。刚开始的时候种得很少，后来越来越多。然后，一点一点地，孩子也越来越多。几代人以后，再没有人知道不用收割小麦的年岁是什么样子了。当 1364 年一座整点报时的塔楼大钟在奥格斯堡出现的时候，没人能清楚地意识到，它将带来守时的压力和外来（机械）规范的统治。当我们第一次把手机攥在手中时，它还是一个奢侈品……

据说也存在这样的文明，在其走上进步的道路之后，却来了个 U 型（180 度）转身，又回到了原来的老路上。据说很久以前，在今天美国的西南部存在着霍霍坎（Hohokam）文化：在哥伦布还未到达美洲的几百年前，印第安人就已经了解灌溉渠道和系统的农业及商业了。但是，根据传说，他们却一致决定，不要这些现代辅助手段而生活……他们在地球上消失了。"Hohokam"在美洲原始的皮那语中的意思是"无痕迹地消失的东西"。

就像我们前面提到的，另一个传说却是这样的：这条农业革命的道路是不可回头的。人类征服自然的作战计划始终屹立。除了继续前行别无他途。这是我们人类的天性。直到我们获得了绝对统治。直到我们所有的问题都被解决？

还有几个难题

如果我们开始观察这些人类最重要的岔路口，那么我们当然不能把奠基了人类存在的认知革命和奠基了人类文明的农业革命等同于一些征服、发现或者灾难。相较于这两个重大事件，它们只起着注脚的作用。所有后来的一切都是这两大革命的后果，其中包括启蒙时代的知识爆炸，以及机器、登月、人类基因组的解码、基因优化的人、仿生人，等等。然而快速地浏览一下其他几个转折性事件也是值得的。这只是为了说明大事件的确只有在回顾时才被作为大事件认出。

在公元后第一个千年里发生的移民潮是一个重大的转折性事件。欧洲人种被搅乱，被重新洗牌。通过和罗马的接触，野蛮的日耳曼人变得温柔，他们开始身着罗马式长袍、说着拉丁语、舒适地躺在铺着垫子的沙发上，并且赋予自己古罗马贵族的头衔。酋邦和早期的国家形式产生了。在公元后第一个千年里，那些在欧洲大陆上存在过的，其本质性的东西直到今天也一直存在。今天所有的欧洲国家都根源于公元 500 到 1000 年形成的那些政治、生活共同体。尽管如此，那时的人们对此的了解却比较少。罗马覆灭的确切年份是公元 476 年。罗马最后一位皇帝的退位是不是好比今天报纸上的头条新闻？号外，号外："罗慕路斯·奥古斯都被废黜了！"确切地说，不是。一切都是悄无声息、界限模糊的，人们几乎不能察觉。也许那时有些人在抱怨，因为受欢迎的公共浴池的质量和服务都在逐渐退步，纯粹为了娱乐而把野生动物抛入巨大的竞技场的做法越来越少见了。但总的来说，人们对罗马覆亡这一所谓的转折性事件所知甚少。其他一些世界史上的大事件对亲历者来说显然要比罗马的结束更易察觉一些。14 世纪的黑死病几乎抹去了当时欧洲三分之二的人口。这一转折点每个人都感受到了。但真正决定性的东西在这里也是事后才变得清晰。无处不在的突然死亡在欧洲人的心灵中引发了创痛，但这个创痛的后果并不只是负面的：死亡有一种巨大的、抹平的力量，黑死病也是唤醒民主的因素之一。那时产生的很多夸张欢快的、以死亡为主题的舞蹈可以作证。在这些舞蹈里，农民、乞丐和贵族的骷髅手拉着手出现。

　　再来看一个例子，三十年战争[1]。同样是一个令人恐惧的转折性事件。因为（这也是人

<hr />

1　发生在 1618—1648 年，是历史上第一次全欧洲大战。

们通过回顾认识到的）宗教战争引发了如此巨大的荒漠化，以至于所有国家、宗教，以及社会共存的基础都必须重新协商。启蒙运动是其中的一个结果吗？按照启蒙的要求，世界上的全部知识应该可供每一个人利用。每个人都应该能形成自己的观点。无论如何，宗教战争后的精神白板，使现代欧洲的诞生成为可能，使其在艺术、科学和技术上的精神超越成为可能。欧洲及其殖民地崛起了，并成为世界统一的马达。但悖谬的是，它们也给世界带来了灾难和冲突，然而回顾历史，这些冲突也是世界进步的助燃剂。15世纪的中国是世界上最富有、最先进的国家，同时也是最稳定的国家。中世纪的穆斯林世界也远远领先于欧洲，但是慢慢丧失了角逐世界主导地位的力量。为什么如此？我们还要再讨论。这个简短的概览应该使这一点变得更加清楚：事件越重要，它持续的时间就越长，直到它的意义变得清晰。有些革命没有日期。

人必须遵守诺言，在这里我给出人类历史上十件最重要的大事：

1. 认知革命。它大约发生在七万到四万年前。人类思考、计划、交谈，以及让设想变成现实的能力，都归功于这一大脑中的神经连接。"智智人"居住在世界上广阔的地方，驱赶其他人种。

2. 逐出伊甸园。它又被称为农业革命或新石器革命。这一革命发生于一万两千年前的近东。人类开始操控自然。剩余产品导致贮藏的产生，进而产生了书写、计算和交易。定居，而不是游牧，成为主流，这导致了城市和大的王国的崛起。

3. 大移民。在公元后第一个千年里，新来的人挤进欧亚大陆的边缘，据此（以及基督教和伊斯兰教的传播）世界格局重新洗牌；罗马帝国让位于新兴的、强有力的王国和国家。现代欧洲产生了。

4. 白板（Tabula rasa）。黑死病（14—15世纪）强迫欧洲重新开始。令人惊奇的是，50%的死亡率没有让秩序和国家政权完全崩溃，但是人类的世界图景改变了。

5. 美洲的发现。它是独特的欧洲式扩张的开始。从15世纪开始，陌生的土地被欧洲列强们看成是无主的财产。合法性通过教会获得。现代世界秩序产生了。

6. 科学革命。 17 世纪是科学和技术的时代，是启蒙和国际化市场经济的时代。每一个新发明都是一场革命。外来的发明（像火药和造纸）在欧洲得到完善和工业化。

7. 法国大革命。 它是市民阶级（不是人民！）反对贵族的革命。但是市民阶级并不能长久地享受自己获得的权力。1789 年触发了如此这般一连串的革命：经济的、技术的和精神上的革命，也许人们在未来的某个时候可以把 1789 后的两百年放在一起看成一场大革命。

8. 工业革命。 从 1769 年开始，第一台蒸汽机开始运转。在一百年内，欧洲，以及它先前的殖民地美洲，把我们的星球变成了一个巨大的、全球化的市场。

9. 登月。 它本来只是在人类权力扩张过程中合乎逻辑的一步，但是，1969 年的这一事件的意义从较长远的眼光来看会显得越来越重要。

10. 数字革命。 在 1969 年阿波罗 11 号执行登月任务时，飞船计算机可以处理 4KB 的信息。现在任何一个煮蛋计时器都可以处理更多字节的信息。现在正在研发可以自主学习和编程的电脑。数字革命的意义不可预估。

« Ich verlange von einer Stadt, in der ich leben soll: Asphalt, Straßenspülung, Haustorschlüssel, Luftheizung, Warmwasserleitung, Lärm. Gemütlich bin ich selbst. »

—KARL KRAUS

『对一个我要在那生活的城市，我要求得有柏油马路、街道冲洗、大楼门钥匙、暖气、热水和噪音。我自己舒服。』

——卡尔·克劳斯

请问到市中心怎么走？
世界上重要城市的兴起与衰落

Wo Bitte Geht's zum Zentrum ?
Vom Aufstieg und Niedergang der wichtigsten Städte der Welt

3

位于两河流域（今伊拉克）的阿卡德（Akkad）的统治者，在四千年前有很好的理由自称为"四方世界的统治者"。今天人们却完全不知道这个王国究竟有多大，只是猜测它大约仅有比利时的一半。今天，一个大银行的老板就可以端坐在曼哈顿华尔街上的七十层大厦里，从顶楼的"城垛"里俯瞰这个被他统治的世界，觉得自己就是"世界的中心"，但他没有预料到，在幕后，世界中心的转移早已发生，并且产生决定性影响的将不再是纽约，而是上海或者卡塔尔。如果我们观察一下世界中心的转移，我们就会得到一张人类历史进程与高度文明的兴起与衰落的地图。

八千年前，在现在的阿卡德地区附近就有了世界上第一批城市。起初它们只是一些超大规模的村庄，然后出现越来越多的劳动分工、专业化和社会等级。人们至今把位于幼发拉底河和底格里斯河中间肥沃的狭长地带叫作美索不达米亚（Mesopotanmien），它的含义就是"两河之间"。大约六千年前，那里有一些城市联合起来，自称苏美尔。当时谁要是拥有世界霸权（其实也就是统治美索不达米亚），他就会在几代人之后被来自北方的粗暴的游牧民族驱赶。在两河流域，苏美尔人之后是库提人、加喜特人、胡里特人和阿摩利人。人类历史上可能再也没有比这段时间里发生的战争更加残酷的了：楔形文字在滴血……阿摩利人创建了第一个大都市：巴比伦。巴比伦人让位给了亚述人。亚述人的帝国是第一个有着系统的官僚组织的帝国，军队和朝臣都一应俱全。他们的"纽约"叫尼尼微（Ninive）。亚述人更是难以置信的残暴，他们拿活人祭祀，更准确地说是用儿童祭祀。早在公元前 3000 年，他们就实践了类似 20 世纪的独裁者所执行的政策：为了便于奴役而驱逐整个族群，因为这样可以更好地监管他们。最终亚述人也被推翻了，正是被曾经受他们压迫的迦勒底人推翻的。迦勒底人在世界历史中也有一席光荣的席位，因为他们发明了数学，又是天文学和时间测量的先驱，但他们也格外凶残。国王尼布甲尼撒摧毁了著名的城市耶路撒冷，他还保留了亚述人暴力驱逐整个族群的野蛮传统。

巴比伦在当时可谓相当时髦，称得上是邪恶的超级大都市的原型：商贩、妓女、武士、神父以及公主，各色人等，到处都是商铺、宫殿、圣坛、庙宇。巴比伦还有着独一无二的庆祝、贸易和祭祀活动。大约两千年里，巴比伦一直都是世界的中心。城墙的主要入口伊斯塔尔城门上刻着狮子和神兽浮雕——这些在柏林的佩加蒙博物馆还可以看到。想了解巴比伦人和迦勒底人的统治到底是如何终结的，就必须读一读海涅写下的关于他们最后一个国王的诗句"但就在那同一天夜里，伯沙撒 / 被自己的仆人所杀"。或者看看伦勃朗的绘画：国王在大摆筵宴时看到墙上出现用火书写的希伯来文"Mene

mene tekel u-pharsin",当时只有一个被关押的犹太人可以翻译,这句话的意思就是"你的日子屈指可数了"。

大屠杀伴随着高度文明出现在世界上。文明虽然总会有短暂的迟滞,但它的脚步依然向前。决定性的权力在巴比伦人之后落到了波斯人手中。和两河流域的人相比,波斯人简直称得上正义温和。他们的确也是如此,在征服巴比伦之后(公元前539年),释放了被俘的以色列人,直到今天我们还能听到很多有关他们的故事。文明的波斯人很早就已经和陌生的城市及异域文化保持着联系,其中就包括小亚细亚西海岸对面的那个名叫雅典的城市。属于波斯地域的有今天的伊朗、阿富汗和印度。波斯的疆域西至今天的土耳其,南抵尼罗河。当这些地区都被波斯人占领以后,"散发着香水味并且高度文明的波斯人"*就找不到任何继续征服的理由了。他们的统治模式十分先进,比如说,试着统一不同的族群,但并不强迫其他族群接受自己的文化。人们只需要

* 这个表述出自塔米姆·安萨利(Tamim Ansary)的著作《世界的陌生的中心》。每一个想了解东方的人都必须读一读这本书。

承认波斯人的统治，如有必要，象征性的进献贡品即可。波斯人对处在庞大帝国西部边陲的希腊没有丝毫兴趣，至少在地缘政治学上是这样的。尽管如此，我们也有必要关注一下早期希腊的城邦。

雅典

这个处于当时中心世界边缘的文明有什么特别之处呢？当公元前 1000 年希腊第一次出现在历史书中的时候，巴比伦已经拥有三千年的历史了，中国的王朝在公元前 1000 年左右的时候也已历经了五十代。对于埃及和波斯这样的帝国来说，雅典就像地图上的一颗苍蝇屎。诚然，这颗"苍蝇屎"还是赢得了我们的关注，因为西方文化很大程度上就源于雅典。欧洲精神，或者说雅典精神，曾经在积极或消极的意义上支配着这个世界。雅典是欧洲城市乃至西方城市的原型。全球到处都有城市在竭力复制雅典的建筑，这并非巧合。关于都市生活有这样一个概念——Urbanität（城市性），而雅典就是"城市性"的典范。Urbanität 本来是应该叫作

Astynität，因为 urbs 是一个拉丁概念，罗马人只是抄袭了雅典人的城市这一概念。直到今天，当希腊人说"Asty（城市）"一词时，他们所指的并不是庙宇或者政府办公区域，而是人们日常生活于其中的城区，在那里人们熙熙攘攘地生活着。雅典人对乡村生活不感兴趣。对此，流传着这样一个关于苏格拉底的故事。一个朋友和苏格拉底一起到乡下远足。他注意到，苏格拉底在树木和山林中总是感觉不舒服。苏格拉底，这个典型的哲人说："原谅我，亲爱的！我只是好学，但田野和树木却什么也教不了我，而城市里的人则能教给我许多。"可怜的苏格拉底没有了城市的喧嚣就觉得有些迷失，真是个典型的雅典人。

古希腊在繁荣的时期并不是只有一个雅典，而是多个城市的集合。它们首要的共同点是对竞赛的偏爱。在希腊人那里，没有竞赛就没有一切：没有剧院、没有辩论、没有游戏、没有马车赛跑、没有运动。我们现在的奥斯卡颁奖、歌曲大赛、足球世界杯、超级偶像、超模、Vogue 杂志等，都和古希腊的竞技精神有关。做最耀眼的、最美丽的以及最受欢迎的人，这些根植于我们文化的诉求，就是我们所继承的希腊遗产的一部分。追星是非常希腊的。谁要是在奥林匹克比赛中获胜，并且他还有鼓舞大众的魅力，那么诗人们就要写赞美诗来赞美他。用今天的话说，他简直就是社交网络平台上的网红，将在全世界的社交媒体上被追捧。当然参与比赛的人并不是普通群众，而是上层社会的那一万人。希腊的世界只属于富人和美人。把这些不同的城市联系在一起的，主要是雄心，即在体育、艺术、征战中胜出的雄心。我们无法用清晰的语言来描绘公元前 5 世纪所拥有的成果，在人类历史上，再也不可能在这么小的空间和这么短的时间里，创造出这么多永恒的东西，比如哲学、各种科学、学院、诗歌、戏剧和医学。

最迟从文艺复兴开始，欧洲人就倾向于对古代雅典进行理想化和美化。近代有一些作家就属于将雅典理想化的人，比如温克尔曼（死于 1768 年）和那位来自魏玛名叫歌德的男人（死于 1832 年）。在向往不费力气就可以臻于完美的渴望里（也许在可怕的历史记忆中，我们是来自森林的野蛮人，南

方人比我们先进），我们已经习惯把雅典人的世界
描绘成一个"没有人劳累流汗、没有人流亡"的令
人崇敬的世界，就如费诺[1]描述的那样。在雅典，
所有那些肌肉发达的、苗条美丽的人都只从事智
慧、光荣的工作。事实并不全都如此。但是雅典的
确赠送给了世界一些革命性的东西，那就是探究的
精神。哲学，希腊人最伟大的发明，意味着有关事
物起源的知识。世界是什么？它是由什么组成的？
人是什么？当然，这些问题并不新鲜。但是在希腊
人之前，人们用神话回答这些问题。希腊人的革命
之处在于，他们把这些问题挖掘到最深处，于是产
生了科学、哲学、医学和艺术。希腊人一直强调推
翻传统、推翻所学的知识——这就是科学的本质。

　　希腊历史学家希罗多德讲过这样一个故事：波
斯国王大流士有一次叫来希腊人，问他们是否可以
吃掉死去的父亲。按希腊人的传统，死者会被火化
而绝不能被吃掉。希腊人回答：当然不！这是什么
问题？！然后大流
士又叫来卡拉提耶
人，一个按传统恰好

1　约阿希姆·费诺（Joachim Fernau, 1909—
1988），德国新闻记者、作家、艺术品收
藏家。

要吃掉死去父亲的亚洲族群。当着希腊人的面，大流士问卡拉提耶人，要怎样才可以让他们烧掉自己的祖先，他们回答：不！真是荒唐的问题！希罗多德在这里借这个故事想告诉读者的东西是值得关注的：尊重陌生的风俗，保持自我批评！文化冲突（Culture-Clashes）也是一种丰富！卡尔·波普尔爵士有这样的假说：古希腊著名的批判与理性的处事态度，正是通过这种持续不断的、充满矛盾对立的交流以及不同文化的共存才产生的。总之，这种雅典精神直到今天仍然影响着我们。

但是我们的精神与古雅典人的精神还是有着本质的区别。雅典人对事物的研究带着纯粹的自为目的，他们认为知识是高尚的，智慧就是最高的善，目标是理解人与自然，而不是具体地运用这些知识。实际运用并不是希腊人的事情。20世纪最重要的古代历史评论家之一芬利爵士曾写道："亚里士多德和提奥弗拉斯特有着丰富的动物饲养和植物培育的知识，但是他们和他们的读者并没有从中得出这样的结论，即农业和家畜业应当选择性育种。当他们认识了自然的目的、作用以及背后的原因时，他们的兴趣也就得到了满足。"为什么会这样呢？因为科学和哲学是少数有钱人的行当，操作和实践则是工匠们的事情。按照古代的价值序列，实践远低于思考。在雅典，你可以是一个优秀的医生或者有名的造船工匠，但是在社会等级中，你还是要比一个没名气的哲学家低一头。精英们认为研究"思想、精神"高于一切，实际运用则是粗鄙的。如果要写一本有关雅典人发明应用的书，它可能要比讲荷兰烹饪的书还要薄。古代雅典社会缺乏对效率和生产力的奖励机制。它是一个典型的贵族社会。那时的人们瞧不起实干家，实干家在古代后期才登上历史舞台，那时的手工匠们主要是由早期的基督徒组成。

在大规模希腊内战，即伯罗奔尼撒战争之后，雅典经历短暂繁荣就开始走下坡路了。独裁统治者们接管政权，他们援引柏拉图的理论，因为柏拉图最终要求聪明人（哲学王）的专政。在公元前400年左右雅典衰落的时候，很多事件同时爆发了。与斯巴达的内战败坏了整个希腊的道德，榨干了整个希腊。当时还莫名其妙地发生了瘟疫，可能是鼠疫。在公元前 400 年后，雅典人标志性的特点就是：堕落的性、重回迷信的怀抱、神秘文化和放纵的狂欢。雅典的威望源于这个城市的精英成功地把世界从巫术和无知中解救了出来，但最终这个理性的城市重新坠入非理性和迷信。下一代的所谓精英都是些年轻、有钱的男人，他们瞧不起那些普通民众。雅典人的弱点，至少从今天来看，就是精英们缺少道德责任感。其结果必然导致智力上的自我满足（"沉思静观"）和身体上的享乐，以及一种"什么事我都无所谓的态度"。

连伟大的思想家们自己也丝毫没有把奴隶制经济视为道德上的缺陷，这是古代人最大的道德失误。一个亚里士多德式的人物会眼都不眨地写道："很多人天生就是奴隶，因此他们服从于能为他们做道德决断的人，这种服从是自然的，并且也符合他们自身的利益。"今天在宏观经济学的启发下，人们明白，这种奴隶制经济损害的首先是希腊人自己。奴隶制经济把上层贵族中有能力的人从实际生产中剔除了，因为他们必须浪费时间在招募和监管上。奴隶制经济让有天赋的自由人远离劳动。它也普遍地造成了对劳动的轻视和不尊重。所以在不劳动的上层社会之下，形成了一个不劳动的中层阶级，他们注定毫无用处。

亚历山大大帝在公元前 338 年的奇罗尼亚战争之后，进入了对他来说圣地一般的雅典。他来自巴尔干，但接受的却是希腊教育（师从亚里士多德本人）。对亚历山大来说，他脚下的雅典是神圣的。但对于傲慢的雅典人来说，亚历山大却是一个野蛮人，因为他领导的人民是农民和猎人。雅典全盛时期早已不复存在，但古雅典人却一直都是不可救药的绅士。

罗马

罗马从晚期的雅典那里继承了对民主和平民的蔑视。罗马上层阶级的人数和雅典一样也十分少，但是国家却建立在农民、士兵这个明显更加广泛的基础上。这些农民士兵利用农忙的间隙，来征服邻近的行省，最后是更加遥远的行省，他们会因此得到田产，所以他们连续几辈人都积极地投入战争，来保卫自己的财富。尽管罗马的权利基础更广，受益人也比雅典多，但是贫富差距却更大。那些在社会底层生活的人比起同等阶层的雅典人差得太多了。在罗马有陶瓷厂，今天的历史研究者还把里面的工作状态称之为系统化的酷刑。罗马人是第一批用混凝土建造房屋的人，廉价的房屋被迅速地高高建起，在那里贫民聚集，这就是臭名昭著的 Insulae[2]，名副其实的贫民窟。就是单单出于美学的原因，雅典人也不会容忍这样的事情发生。罗马本来的榜样也是雅典，人们尽全力来模仿雅典的建筑，在公元元年左右，罗马的人口至少是雅典的十倍。它是世界上第一个百万人口的大城市。罗马的城市规模在当时是独一无二的。直到 18 世纪，古罗马也是曾经存在过的最大的城市。在奥古斯都大帝统治时期，在罗马生活的人数就已经超过了一百万，并且它的人口密度在今天是无法想象的。在今天的孟买，平均每平方公里生活着三万人，这使得孟买一度成为世界上人口密度最高的城市。而奥古斯都时期的罗马的人口密度却是孟买

2 拉丁词，直译为"岛屿"。

的三倍多。

虽然罗马像雅典一样也看重出身，但是罗马也是一个给人提供上升的机会的地方。罗马的建国神话透露了关于罗马自画像的一切。罗马人的祖先是埃涅阿斯，他在覆灭的特洛伊中躲过了死亡，绕道流亡到了拉丁姆地区。罗慕路斯和雷姆斯都是埃涅阿斯的后人。罗慕路斯杀害了自己的兄弟，并且招募罪犯和囚犯作为第一批罗马公民。罗马人的祖先是逃亡者。在雅典，原住民被认为是好的，而在罗马，有进取心和执行力的人被认为是好的，出生地则是次要的。罗马最重要的地方就是广场（forum）。这里云集各种人，发生各种事。就像今天的网络社交平台一样，只不过这里是真实的。这里有意见领袖，他们讽刺"撒谎者""吹牛皮的人"和"求爱的年轻人"。政治家要求在广场上放置尖头朝上的铺路石，来驱赶那些无用闲逛的人们。然而诗人奥维德则因为 formosas puellas（漂亮的女孩）来赞扬广场，并且强烈建议，不要走得太快，而要慢慢闲逛："Tu modo lentus spatiare（有节奏地慢慢走）"，德文 spazieren（散步）一词就是由此派生出来的。

罗马也是世界上第一个爱炫耀的城市。对于雅典人来说，恰当的比例是重要的，公开炫富是不好的。在罗马，一切都要华丽、壮观、令人印象深刻、让人心生畏惧，目的就是让人在帝国权力面前如侏儒一般矮小。除了每天都要清除 55 吨垃圾的地下排水系统外，罗马还有警察局、消防队、邮局、带按摩的温泉浴、三十个图书馆、数不清的剧院以及像剧院一样多的庙宇，当然还有著名的有着五万席位的竞技场。罗马人的统治存在得如此之久，以至于用今天的标准来衡量，也是很难想象的。美国有将近五十位总统，在两百多年的时间里社会稳定得令人惊奇。而单单在时间上，仅罗马共和国就持续了将近五百年，即从公元前 6 世纪末期到公元前 1 世纪末期。后来的那段时间被称为"黄金时代"。起初是联合起来征战的农民们，分割权力的贵族统治就从他们之中产生，再然后是三百年的帝国时代。罗马的衰落是十分缓慢的。这一点我们可以从建筑活动中看出来。从公元 200 年开始，建筑活动在罗马帝国的城市里开始衰退。在公元 250 年后，再也没有建造过新的剧院或者竞技场。罗马也许并没有雅典那么才华横溢，但也是十分实际的。罗马在整个地中海地区、中欧以及南欧留下的街道网、基础设施都十分宏伟。罗马让自己在整个欧洲得以繁衍：到处都有罗马的模仿版。科隆，罗马行省下日耳曼尼亚的省会，这个名称和尼禄的母亲阿格里皮娜（Agrippina）有关，科隆当时的正式名称是 Colonia Claudia Ara Agrippinensium (CCAA)，它的意思也就是"阿格里皮娜的殖民地和献祭地"。罗马帝国晚期有许多首都，比如拉文纳或者君士坦丁堡，以及许多的皇帝，于是罗马城本身也就变得不那么重要了。

科隆今天还在，就像其他许多东西一样，都是罗马的遗留物（比如我们法律体系的一部分也是）。因此许多人说，罗马并没有真正地毁灭，它在许多方面都继续存在。从官方文件上讲，古罗马最后一个皇帝叫罗慕路斯·奥古斯都，当公元 476 年他被日耳曼人奥多阿卡尔（Odoaker）废黜的时候，只有 15 岁。古罗马成了一个无论是行政机构还是皇帝都没有实权的国家。奥多阿卡尔让罗慕路斯·奥古斯都成了退休史上最早退休的人，并且送了这个15 岁男孩一栋在那不勒斯海湾的别墅，他与他的随从一起生活在那里。

美因茨、科尔多瓦、巴黎

古代的城市与现代城市的共同之处不多。而中世纪的城市在本质上却和今天的城市相同。现代始于城市。在城市里，上层和下层开始互相影响，阶层趋向混合，有平步青云的人，居民通过手工业和贸易互相依赖。城市的这种特性在古希腊罗马时期之后才出现。

正如前面所提到的那样，自公元 250 年起城市建设曾一度不那么重要。当时的人们面临着其他问题，比如来自亚洲的骑兵部落的入侵。日耳曼人起先在罗马的领土上寻找保护，后来自己掌握了政权。明显没有罗马人胡子刮得干净的日耳曼人的出场带来了一定程度的农村化。此前的世界被罗马人很大程度上城市化了。渐渐地，人们又被迫回归乡村，货币经济萎缩，道路和水渠坍塌，又开始用木

头取代石头来建造房屋。技术倒退了。后来才慢慢
形成了像巴黎、兰斯或美因茨这样的手工业和贸易
中心。9 世纪和 10 世纪意义重大的那些城市，可以
将它们的繁荣归功于告别奴隶制经济，以及手工业
和贸易的不断增长。从公元 1000 年起，越来越多的
贸易城市形成了，12—13 世纪是远程贸易的繁荣期。

　　强调这一时期具体到某一个城市是不恰当的，
那个时代独有的特征正是中心的多元化，没有一个
掌控一切的唯一中心。最中肯的做法是列举若干中
等大小的贸易城市和展会城市，如圣雷米、根特、
比萨等。如果说当时存在一个中心，那么这个中心
最可能就是科尔多瓦。一个有着五十万人的民族和
宗教的混合体就生活在这里，即安达鲁斯王国（位
于今天的西班牙）的首都。9 世纪和 10 世纪时，科
尔多瓦的哈里发统治区是欧洲的人文和经济中心。
当时如果一个有影响力的王侯或者富商健康出了问
题，就去科尔多瓦进行治疗，如同当今的国家元首
和巨富们飞往美国的梅奥疗养院一样。世界历史上
最早的多国贸易组织——拉特纳（Radhaniten）的
成员们就是从科尔多瓦出发进行他们的商贸活动。

当时这些犹太商人的贸易关系已延伸到许多大洲。犹太商人和东方基督教商人是 9 世纪和 10 世纪东方和西方的中介。在东方，人们看重法兰克的武器、英国的羊毛和木材；在西方，越来越多的城市精英因为拥有东方的奢侈品而愉悦不已。

中世纪时伊斯兰的胜利进军对当时的欧洲还不构成威胁，但为贸易和手工业提供了新的机会，这也导致了商人和商业的崛起。来自东方的不断增长的需求使中世纪的欧洲在经济和文化方面得以复兴。越来越多的贸易城欣欣向荣地发展起来，欧洲最终由进口商转变为出口商。9 世纪至 13 世纪，资金的流入促进了财富的增长和城市的发展。与农村相比，城里的人自然需要更多的钱。一个农民很少需要买东西，而城里人有时却迫不得已要通过消费来展示自己的社会地位。贸易取代土地，成了最重要的经济因素。这造就了一批人们称之为银行家（banker）的城市人，因为他们最初真的就是坐在露天长凳（bank）上交易钱币，之后出现了借贷业务。

中世纪形成了两大工业分支，建筑业和纺织业。建筑业在一定程度上受行会和联合会的严格监督，以至从中产生了共济会会员分会。纺织行业则很混乱。单身女青年被迫工作，却没有报酬，唯一的回报就是免费的住处。许多女性在工作以外还得通过卖淫来解决生计。卖淫是被当时的社会所容忍的。13 世纪时，虔诚的法兰西国王圣路易曾想下令禁止在巴黎卖淫。他的政府官员们，其中也包含巴黎的主教，劝他不要这么做。第一，这是徒劳的；第二，这违背了社会秩序。无论如何，教会还是努力使妓女皈依基督教。自 13 世纪以来，与妓女结婚被视为一件值得赞扬的事；为了收容从良者，教会成立了马德琳姐妹会。14 世纪前后，在拥挤的巴黎生活着十多万不同阶层的人，手工业者紧挨着商人、商人紧挨着乞丐、乞丐紧挨着妓女、妓女紧挨着士兵、士兵紧挨着官员、官员紧挨着教士。其间购买力强的贵族也变得越来越多。这刺激了奢侈品行业、贸易和借贷的发展。同时产生了一批新的精英。中世纪的城市与古希腊罗马时期的城市最大的区别是，古希腊罗马时期的城市社会等级制度僵化，而中世纪的城市具有社会学家所称的"社会流动性"。城市的发展必然意味着政治和社会的平衡力量缓慢但持续的变化。贸易的重要性提升了，商人和商贩的地位也相应提升了。商贩和商人为贵族提供奢侈品，贵族阶层的钱则流入他们的账房。为了停留在国王的视野里，以及彰显自己的社会地位，贵族阶层需要将奢华不断升级，并因此负债。

一个社会城市化的程度越高，新贵族对旧贵族的排挤就越严重。这个过程从中世纪一直持续到19世纪。同时，对毫无贵族气质的"劳动"的重视也起了重要作用。旧贵族是通过战争获得土地来致富的，他们没有学过用其他方式来获得财富。自中世纪起，最晚自12世纪起，未来便属于那些懂得更微妙地使用货币和信贷而非通过残忍的暴力来获得财富的人。头脑代替了剑和盾。

佛罗伦萨、纽约、上海

对劳动的重视是很城市化的一件事情。皮革匠、铁匠、面包师、鞋匠，他们均通过劳动生产有用的、美好的东西，这是有目共睹的。旧贵族则留在乡村，对城市新生活持怀疑态度，并且部分地受制于他们所接受的、古希腊罗马时期遗留下的鄙视劳动的贵族心态。同样，根据基督教的理念，劳动也是一种惩罚，是原罪的一种后果。转变了观念的大部分人是有目的地居住在城市附近的圣本笃会修道士。圣本笃会的教规很重视劳动。修道士为人们能够正视劳动的尊严做出了贡献。懒汉和寄生虫在城里成了局外人。

有趣的是，原本尊崇贫穷的（每个人都知道骆驼和针眼的比喻）基督教，却不断试图着把不断增长的财富和他们的良心的安宁结合起来。《新约》中不是写着："何必为衣裳忧虑呢？你想：野地里的百合花怎么长起来；它也不劳苦，也不纺线；然而我告诉你们：就是所罗门极荣华的时候，他所穿戴的还不如这一朵花呢！"（太 6：28-29）"创造财富、建造房屋"的心态最初在基督教里是没有的。基督的后继者劝诫世人关心穷人，根据福音，富人并没有好的归宿。基督教的信仰肯定给越来越富有的基督徒施加了相当程度的道德压力。无论如何，在欧洲形成了一种用实际行动赎罪的心态。富人为求良心安稳，在所有城市开设医院和救济院。

13 世纪欧洲最重要的医院在锡耶纳，它就是由商人创立的。

14 世纪时，商人中出现了"资助艺术"这种新风尚。那是在北部意大利的城邦国家，那里由商界精英统治。对迅速上升的商界精英而言，资助艺术是用来证明自己的品位以及展示自己已获得的社会地位的唯一可能的途径。这要归功于像威尼斯、米兰、佛罗伦萨这样的城市，最引人注目的建筑和艺术品就出现在这些地方。所有人在谈到 15 和 16 世纪的时候，总是首先提到佛罗伦萨。原因也在于，意大利人都是擅于公关的人。在北方，特别是在弗兰德和荷兰，同样产生了伟大的艺术，那里的人们研究艺术、创造艺术，但并不是那么喧闹和惹人注目。

安特卫普是 16 世纪世界经济的中心。航海家亨利·哈德逊受荷兰商人委托出航，于 1609 年成为首个到达今天的曼哈顿南端的欧洲人。商人，而非征服者，是"新阿姆斯特丹"的创建人，新阿姆斯特丹是纽约的前身。纽约最终发展成当今全球的金融中心，应归功于贸易，更准确地说，归功于奴隶贸易，以及某种强盗心性。起初，那里的居民是由孤儿、服刑犯和妓女组成的。为了殖民，荷兰所有的监狱、救济院和孤儿院都曾被迫迁往纽约。目前世界五家最大的企业中有四家是美国企业，全世界的生意都通过纽约开展。纽约，很多代以来都是移民者的"麦加"，成了融合、交联和跨越上下阶层界限的象征。

纽约的逼仄使人们回忆起罗马和巴黎，但纽约仍是一个在古老的欧洲中世纪的传统意义上的城市。我们这个时代的繁华都市却正朝着相反的方向发展。城市越来越不趋向融合，而是向着隔离发展。典型的如墨西哥城、拉各斯、约翰内斯堡、孟买，这些世界上目前发展最快的城市却不是上下阶层有机的融合。在那里高度安全的住宅区，即所谓的"封闭式社区"，远离数量与日俱增的贫民区。在大城市中，不同社会阶层和观念不再发生摩擦，人们生活在相互分离的"平行宇宙"中，他们有着不同的学校、购物中心以及不同的广场。我们时代的大都市简直铺展得太大了，和中世纪的有着熙熙攘攘的市中心的城市没有了共同之处。曼谷的朋友（曼谷与周围的五个城市接壤）告诉我，夜里他将孩子唤醒，把穿着睡衣的孩子塞进车里，从郊区出发开车三小时到学校，途中让孩子再睡一小会儿，然后半路上给孩子穿衣服，在车里吃早餐。现今的大城市还在继续发展，它们相互渗透，如同美国的东北部（在南边的华盛顿、中部的纽约和波士顿之间）结合成了一个大的城市区。现在美国 15% 的人口就生活在这个地区。再比如中国的长三角地区（围绕上海、常州和苏州几个重点城市，整个地区都是由不间断的水泥建筑物和街道组成）；东京和京都之间的地区；印度的普纳周围地区（以 100 公里为半径就能合并这个地区所有的城市）。新的大城市最具威胁性的不仅是规模，还有在那儿形成的社会鸿沟。生活在没有饮用水和卫生设施的墨西哥城贫民窟里的人口数量，比欧洲最大的城市（伦敦）的居民还多。

两百年前，城市人口数量仅占世界人口总数的 3%，1900 年前后为 10%，今天是 50%。据称到 2050 年将有六十三亿人（占世界人口总数的 70%）是城市人。随之而来的后果是精英从城市迁往乡村。城市作为文化和经济的有吸引力的中心的时代已经过去了，原因也在于现代的通信工具的发达。今天美国金融界最重要的投资者们不再坐在华尔街的办公室里，而是在康涅迭戈州的乡村别墅里通过智能手机来指挥投资。大型的文化节曾经是城市的经典特权，现在也更多在乡村、海边、山里举行。体育设施和教育机构的情况也是一样。体育场不再建在市中心（如马德里的伯纳乌体育场），而是在城市周边（如巴黎附近的法兰西体育场、慕尼黑附近的安联赛场）。以前，大学置身于城市的拥挤和喧嚣中，比如巴黎的索邦神学院、布拉格的卡尔斯大学。现今的名牌大学，如美国新泽西州的普林斯顿大学，是自成一体的、偏远的宇宙（独立体）。现代大城市不再有市中心，或只存在一个供游客们参观的历史性的"市中心"，而真正的生活在其他地方上演，其中一部分就是位于市中心边缘的购物中心。现代机场也成了特殊的经济中心，具有一种完全独特的都市形式。它有自己的工业区、贸易区和酒店区。用术语来说，城市成为多元中心的了。因此，曾经组建城市生活的东西过时了。过去的人羡慕城市生活，因为城市曾是文化的滋养地。"礼貌"（politesse）这个词，就源自"城市"（polis）。乡村曾被视作粗野和没教养的化身。今天似乎正好相反。可见，历史，即使值得记在脑海里，也并非总是连续前行的。

这里列出人类历史上极为重要的十座城市：

1. 巴比伦。它是所有城市的母城。它一直位于世界之巅长达两千年（从公元前 2000 年到公元 100 年）。这一点一直未被超越。

2. 雅典。它是有史以来最具贵族气息的城市。正因为如此，它在短短的几代人中（大约公元前 500 年到公元前 300 年）为世界带来了极为丰富多彩的艺术和文学。

3. 罗马。它是世界史上第一个超级城市。在公元前后已经是一个百万人口的大城市。等到其他类似规模的城市出现时，罗马已经存在了将近一千八百年。

4. 耶路撒冷。它是一个特例。从地缘政治和经济上来看，它是完全边缘化的，但是千百年来它在人类历史上始终位于世界的中心。

5.科尔多瓦。 在公元后的第一个千年里，欧洲盛极一时的政治文化中心。如果它不那么忧伤，那就奇怪了。

6.巴黎。 在中世纪晚期和文艺复兴开始时，欧洲并没有唯一的都城（中心）。那时欧洲的典型特征是多中心的，巴勒莫、根特、博洛尼亚或者米兰都是中心。但是在所有城市中，巴黎享有最高的声望。集中的购买力（在 1300 年左右有二十万居民）刺激了手工业和奢侈品行业的发展。

7.安特卫普。 在文艺复兴时期，所有人都把目光投向佛罗伦萨和米兰，但音乐演出却在安特卫普。由于纺织贸易和港口优势，从 14 到 16 世纪，安特卫普是欧洲领先的贸易场所和金融中心。直到今天，它在钻石交易量上还一直处于领先地位。

8.伦敦。 在工业时代，它是世界的中心。1800 年到 1900 年，它的人口增长了六倍（增长到六百万）。到了 20 世纪，它的世界金融中心的地位被纽约取代。

9.纽约。 大概是巴比伦之后，世界史上最国际化的城市。纽约的波兰人比华沙的多，爱尔兰人比都柏林的多。除了中国，纽约的中国人也比其他城市的多。

　　10. 上海。在欧洲耗时一百年的工业革命在上海不到十年就完成了。今天上海港口的货运吞吐量比世界上任何一个城市都多。上海是目前地球上人口密度最高的地区之一。

« Töte einen Menschen, und du bist ein Mörder. Töte Millionen Menschen, und du bist ein Eroberer. »

— JEAN ROSTAND, BIOLOGE UND PHILOSOPH

『杀死一个人，你是杀人犯。杀死百万人，你是征服者。』

—— 让·罗斯唐德，生物学家、哲学家

从好汉到零蛋
世界史上最重要的人和他们的缺点
From Hero to Zero
Die wichtigsten Menschen der Weltgeschichte und ihre Macken

合格证
DL069

哈立德·阿萨德（Khaled Asaad）管理叙利亚沙漠城市帕尔米拉的古罗马遗址有五十多年了。2015 年 5 月，当 IS 恐怖分子进驻帕尔米拉的时候，这位 82 岁的老先生没有选择逃跑。恐怖分子劫持了这位考古学家并且拷打他，然后杀死了他，还把他被斩首的尸身照片发到了网上。他受到了严刑拷问，因为恐怖分子猜测在帕尔米拉有黄金宝藏，想逼他说出这些宝藏的下落。后来恐怖分子把阿萨德的尸身悬挂到了一个古罗马廊柱上，这些廊柱曾是阿萨德奉献了一生去保护的东西。

我们在从历史中学习吗？不，显然没有。人

类可以将历史中的人物作为榜样吗？可以期盼他们仿佛就在自己身边吗？是的，可以。比如，人们希望阿拉伯世界有一个像沙漠女王阿尔－萨巴（Al-Zabba）那样的人（她在古代晚期曾统治着帕尔米拉。帕尔米拉在公元3世纪的时候有过短暂的繁荣，并且一度让罗马帝国屈服）。人们应该时不时回忆一下，在7世纪伊斯兰教登上世界舞台的时候，阿拉伯文化就已经存在了。在伊斯兰时代之前，妇女在社会中经常扮演着十分重要的角色。她们领导着部落和整个帝国。

那时候的女权

在我们的历史书写中，阿尔－萨巴被叫作泽诺比娅（Zenobia），她是世界史上一个值得关注的人物，然而现在几乎没什么人还对她感兴趣了。人们尽可以放心地称呼她的西方名字，因为她也自认为是西方人。她声称自己的祖上就是曾被亚历山大大帝留在埃及，并作为总督统治埃及的托勒密。因此，她是希腊－埃及贵族。她说自己是埃及艳后克丽奥佩特拉（Kleopatra）的直系后代。也许她确实有托勒密王室的血统，但是现在我们不去考虑她是否是一个出于虚荣而攀附优雅的希腊人的阿拉伯公主，而是去看一看泽诺比娅自己的阿拉伯传统。我在这里讲述她的故事，是将她作为世界史中符合人们理想的英雄形象的代表，当然，这里是女英雄的理想形象。泽诺比娅是令人印象深刻的沙漠女王之一。伟大的美国东方学专家纳比亚·艾伯特（Nabia Abbott）列出了二十四位杰出的、对区域历史有重大影响的东方女性，其中最著名的也许就是萨巴（Saba）女王。根据传说，公元前 10 世纪，萨巴女王从今天的埃塞俄比亚向耶路撒冷进发，去会见所罗门王，看看他究竟是不是全世界最有智慧的人。长话短说，她觉得所罗门非常令人钦佩，并且还怀上了他的孩子。*

* 所罗门尼顿（Salomeniden）家族的祖先就是这个孩子，该家族从 13 世纪直到 1975 年统治着埃塞俄比亚，其最后一个王朝的皇帝是海尔·塞拉西一世（Haile Selassie I, 1892—1975），他的大侄子阿斯法-沃森·阿瑟拉特（Asfa-Wossen Asserate）现生活在美茵河畔的法兰克福。

一位来自今天霍姆斯（Homs）的阿拉伯公主（她在阿拉姆语里被称为 Martha，也就是女

主人），在公元 187 年嫁给了相当残忍却也功绩卓
著的罗马皇帝塞普蒂米乌斯·塞维鲁（Septimius
Severus）。这个叙利亚女子以茹莉娅·多姆娜（Julia
Domna）的名字走进了罗马的历史，跟她的丈夫
一起建立了塞维鲁王朝。她是实际上的联合摄政
王，并且对文学和哲学格外感兴趣。她将闪米特族
的女神塔尼特（Tanit）引入了罗马，此后，她在
罗马被称为天后，最终在历史书中获得了一席之
地。值得一提的女性还有：一个可能是来自亚弗尼
登（Jafniden）部落（一个阿拉伯贝都因部落，曾经
从阿拉伯半岛南部迁到北部）的叙利亚女王马维亚
（Mawia）也在罗马边境地区定居下来，据说她在这
个时期皈依了基督教。大约公元 380 年马维亚征服
了巴勒斯坦部分地区，她一直向北非进军，并多次
战胜了罗马军队，后来却又帮罗马人对付哥特人。

　　如果你不把泽诺比娅当成例外，而且知道像凯
特尼斯·伊夫狄恩（Katniss Everdeen）[1] 这种类型的
战斗女王在前伊斯兰时期甚至到穆罕默德时期都是
很常见的，那你就更
容易理解泽诺比娅

---

1 电影及同名小说《饥饿游戏》中的虚构角色。

这样的领袖了。然而泽诺比娅在古罗马晚期的女性中还是引人注目的。公元 267 或 268 年她开始在富庶无比的绿洲城市塔德木尔（Tadmur，帕尔米拉的阿拉伯名）执政，那时她才二十五六岁。两年后她就统治了一个庞大的王国。这个王国从幼发拉底河跨越埃及一直延伸到今天的土耳其。用好莱坞的方式把泽诺比娅想象成一个大胆的沙漠女王是很诱人的：她骑在骆驼背上，住在帐篷里，在跳动的火光中沉睡，以雄鹰作为忠诚的伴侣。历史学家称她是一位拒绝乘轿子、更喜欢和最忠勇的将军们步行的女王，甚至还会狩猎狮子（古代记载强调，她"在狩猎和战争中甚至比她的丈夫还勇猛"）！但泽诺比娅也喜爱宫廷礼仪和富丽堂皇。在帕尔米拉既有宫廷的富丽豪华，也有波斯式的高贵典雅，但泽诺比娅个人的品味更偏希腊化。她的业余爱好是哲学。当她在沙漠宫殿中设宴时，世界上各个角落知名的伟大圣人和智者都会被请来。安提阿的基督徒、亚历山大港的知识分子、耶路撒冷的犹太学者和其他从印度河和中国来的智贤都围坐在桌前，共同参与宫廷生活。泽诺比娅喜爱奢华。她每次出席宴会的时候，都会用价值连城的珠宝从上到下装扮自己，并在所有宾客的金碟上摆上闪闪发光的礼物。她的宫殿是以极度的奢华、智慧的光辉和包容的氛围而闻名的。正是由于缺少可信的资料来源，历史学家和诗人（以前并没有分得这么清楚）有空间将自己的想象投射到了泽诺比垭身上，因此她成了女英雄的典范。追求理想人物形象的 19 世纪晚期，人们以她为原型创作了女版亚瑟王：野心勃勃却也善于思索、奢华十足却也品位极佳、强大却也慷慨、严厉但不乏公平、自信却仍谦恭。

当然，泽诺比垭是被美化了。所有绽放出短暂却强大光芒的事物，不管是帝国、城市，或是詹姆斯·迪恩 [2]，都免不了被美化。泽诺比垭出身于帕尔米拉的上层社会，是强大的阿慕拉齐（Amlaqi）部落首领的女儿。在帕尔米拉，人们所说的语言是当时东方国家的通用语——阿拉姆语，这也是耶稣的语言。在公元 4 世纪早期的《罗马皇帝传》这部理性的罗马史学著作中，曾用

---

[2] 詹姆斯·迪恩（James Dean，1931—1955），美国男演员。1955 年 9 月 30 日，因车祸逝世，终年 24 岁。他曾被美国电影学院评为"百年来 25 位最伟大的银幕传奇男星"之一。

"美丽"这个词的最高级形式（speciosissima）来形容泽诺比娅。她的女性魅力是毫无疑问的，仅凭她俘获了周围一带最炙手可热的结婚对象奥登纳图斯（Udaynath）将军这一点就可以证明。奥登纳图斯自称 Septimius Odenaethus，也来自一个很有影响力的阿拉伯部落，并代表罗马行使总督职权。在丈夫奥登纳图斯（以及他的长子兼继承人）被谋杀后，泽诺比娅才上台执政。一些史学家有理由推测，泽诺比娅从她丈夫的死亡中受益了。因为和奥登纳图斯一起丧生的儿子不是泽诺比娅的亲生子。这个死去的孩子还耽于"希腊乐趣"，被娇惯坏了。这次谋杀事件之后，泽诺比娅和奥登纳图斯共同的孩子瓦巴拉图斯（Vaballathus）成了王位继承人。不过大多数史料认为，谋杀者是她丈夫的一个侄子，由于他不恭顺，奥登纳图斯曾经狠狠地惩罚过他。

她丈夫最紧密的追随者，他的将军们和帕尔米拉重要的部族首领，在他死后都忠心耿耿地支持她，这个事实也暗示了她是无罪的，同时也暗示了她在古代帕尔米拉的氏族社会里所享有的尊荣。泽诺比娅上台的时候，罗马正处于格外疲软的状态。

十九位皇帝在极短时间里的更替严重耗损了国力；从北方入侵的日耳曼人，也耗费了罗马的巨大精力。也许不像罗马的史学家后来所说的那样，泽诺比娅由于狂妄自大或者巨大的权力欲踏上了征服之路，而仅仅是因为其罗马盟友的软弱，在东方形成了危险的权力真空。对于一个像帕尔米拉这样的商业枢纽来说，稳定和商道的安全是至关重要的。因此泽诺比娅带着大约二十万装备先进的大军奔赴战场——其中包括一支强大的骆驼骑兵和传说中的巴勒斯坦弓箭手——在一次闪电战中占领了包括埃及在内的整片疆域。埃及可是罗马帝国的粮仓。

然而，她的不幸在于，帕尔米拉帝国在她的领导下刚刚扩张到最大时，罗马在经历了多个软弱的皇帝之后又迎来了一位强有力的皇帝。鲁奇乌斯·多米提乌斯·奥勒里安努斯（Lucius Domitius Aurelianus），也叫奥勒良（Aurelian），一个巴尔干男人，他是从罗马军团里慢慢爬上高位的。公元271年，泽诺比娅开始在地中海区域发行货币，这是在挑战罗马的底线。奥勒良暂时不理会讨厌的日耳曼人，挥师向安卡拉（Ankara）进发，去对付帕尔米拉人，并最后取得了胜利。"这场杀戮是不加选择的"，250 年后罗马历史学家佐西莫斯（Zosimos）这样写道，"这一天帕尔米拉贵族的繁荣淹没在了血海之中。"但泽诺比娅成功地从罗马人手中逃了出来。她带领贴身部队横穿沙漠骑行回到帕尔米拉，回到她士气低落的国都。罗马人随之而至。他们围困了帕尔米拉，直到城里的人被活活饿死。

泽诺比娅没有放弃，而是开始与奥勒良通信，向他讲述了为什么她不考虑投降。"你们难道不知道，克丽奥佩特拉宁可死，也不愿放弃她的尊严吗？"在她和吃惊不已的皇帝往来通信的过程中，有天夜里她做了一件事——骑上一匹母骆驼，据说因为母骆驼更敏捷——去波斯求助。她一直跑到了幼发拉底河，在那里被罗马军队抓获了。帕尔米拉也被罗马人占领并惨遭劫掠。

泽诺比娅执着的崇拜者声称，她当时死在了幼发拉底河畔，并没有被罗马人抓获。被俘的异邦君王通常都会和拉着她的胜利之车的赤鹿一起，在古罗马城堡上被祭神以前，夹在庞大的凯旋队伍中向罗马欢庆的民众游街示众。罗马编年史作者称，泽诺比娅不但避开了这些，还从皇帝那里得到了今天的蒂沃利 (Tivoli) 附近的一所小房子，甚至嫁给了一位罗马的知名人士——一位元老。泽诺比娅是否真的像浪漫主义者所说，死在了幼发拉底河畔，又或者像现实主义者所说的那样，作为一位罗马的社交名流终老，都已经不得而知了。一位色衰的罗马社交名媛的命运肯定不如幼发拉底河旁的英雄之死更有吸引力。最后，我们在这里想象一下罗马人征服世界的方式：首先通过武力，然后通过笼络人心和强制同化。这跟我们今天的情况颇有相似之处。

为什么英雄不可以是个王八蛋？

在阿拉伯世界里，对泽诺比娅的记忆在很大程度上已经遗失了。上几个世纪大多数描写泽诺比娅的作品，从罗马史学家经薄伽丘到彼特拉克的著作，到 18 世纪的歌剧和 20 世纪 50 年代安妮塔·艾克伯格饰演泽诺比娅的史诗大片，都来自西方。除了一些叙利亚或黎巴嫩的知识分子以外，这片地区再没有人能够理解泽诺比娅。泽诺比娅的历史命运把我们引向这一真正意义深刻的问题：到底什么是英雄的构成因素。像泽诺比娅或者布狄卡（凯尔特的战争女王，她在比泽诺比娅早二百年的时候给大不列颠的罗马人造成了不少麻烦）这样的人物是英雄吗？或者在公元前1世纪里反抗凯撒的凯尔特人的伟大领袖维钦托利（Vercingetorix）是英雄吗？他们都把众人汇聚在身后，反抗一种极强大的权力。他们代表着一种完全不同的生活方式——最后他们的下场都是一无所有。然而他们是英雄吗？英雄允许失败吗？

如何评判一个人的历史地位，黑格尔有着十分确定的观点。对我来说，黑格尔大概是除了我的妹妹格洛丽亚（Gloria）和于尔根·克劳普（Jürgen Klopp）[3]之外，世界上最著名的斯图加特人了。黑格尔在他的富有传奇性的宣讲课《世界史哲学》（该课程从1822年在柏林开始）中曾详细地讨论过历史人物评判的问题。他的结论是：唯一有效的标准是看一个人在世界史上留下的印记的深

3 足球教练，曾经是足球运动员。

度。黑格尔的中心论点是，为了达到新的历史发展阶段，世界精神（这个概念是他创造的）利用了特殊个体。黑格尔说，这些人知道"时代需要什么"。不是那些静止于现在的个体，而是那些（注意，黑格尔式画面来了！）像敲蛋壳一样敲击世界，并打破这个世界的个体。黑格尔是乐观主义者，他相信进步。他坚信，世界精神有一种看不见的筹划，也就是自由的日益实现。如果在遥远的未来的某个时候，人们意识到自由的意义和后果，并自由地生活，那么对黑格尔来说，世界发展的最高阶段就达到了。黑格尔的世界公式有一种令人愉悦的简单，它让马路小报记者都折服。黑格尔的"世界历史划分"是简单的"三段式"：一开始是"东方人"，在他们那儿只有一个人是自由的；接着是希腊人和罗马人，在他们那儿只有少数人是自由的；最后是近代人，他们知道，所有人都是自由的。黑格尔认为，判定历史人物伟大与否的唯一决定性因素是看他们是否推动了世界向前发展、是否破旧立新。每一次运动，也包括倒退，在黑格尔看来都是发展的一部分。伦理道德观念对黑格尔而言也不起任何作用。最严重的性格缺陷在他看来同样不影响一个人的历史伟大性。"仆人眼中无英雄",这是黑格尔宣讲课中最有名的句子之一。它的意思是,谁盯着英雄的性格、意图或者个人的缺陷,谁就无法衡量他的历史意义。简单来说,如果王八蛋和彻底的卑鄙小人推动了历史进步,那他们也是英雄。

在过去近两百年里,黑格尔划时代的柏林宣讲课自然是受到了猛烈的抨击,首先是因为他提出的难以置信的"世界精神"(他甚至认为,他从马背上的拿破仑身上看到了世界精神)而遭到嘲笑。此外,他还曾预言,世界发展的预设轨迹是和平且自由的世界的日益完善。根据 20 世纪的人类经验,黑格尔所做的论断遭到取笑也就在预料之中了。一个针对黑格尔的重要的反对意见来自瑞士巴塞尔的伟大学者雅各布·布克哈特(Jacob Burckhardt)。他认为,没有哪一个个体在历史中是不可或缺的,此外,历史意义经常只是一种事后标签,因此是不可靠的,并且它随着时代精神的变化而变化。但布克哈特也让步说,存在具有特殊影响力的个人,因此人们必须承认他们是历史伟人。在满足这一标准的候选人的选择上，布克哈特甚至在很大程度上和黑格尔达成了一致。他们是那些西方历史上的嫌犯：亚历山大大帝、凯撒、拿破仑、弗里德里希大帝。他们都是政客和军阀。

更加值得注意的是伟大的希特勒传记作者约阿希姆·费斯特（Joachim Fest）的回答。19 世纪的乐观主义者无法预料到希特勒会出现。然而，让费斯特困惑的是，事后看来希特勒非常贴切地符合黑格尔和布克哈特的英雄判别模式。他们的标准肯定有不对的地方，否则人们就必须把希特勒也称为"历史伟人"。费斯特通过用美学论据反驳传统标准从而解决了这个问题。希特勒把他的人民从一种旧的状态带到了新的状态，并且一个像希特勒这样的人也体现着一种普遍的需求，最重要的是希特勒有一种"反常的、用一种不可思议的克制武装起来的意志力"。虽然上述这些都可能是实际情况，但是决定性的本质特征仍使他成为一个格外"矮小"的人。费斯特提到了希特勒的报复心、心胸狭隘以及乏味、赤裸的唯物主义，并且证明，这些令人讨厌的习惯使所有的英雄气质都离他远去，因此他没有资格被称为伟大的历史人物。如果人们想谈谈伟大人物，或许可以跟托马斯·曼谈谈"糟糕的伟人"或者"下等的天才"。费斯特认为传统的 19 世纪评判伟人的方法完全是令人怀疑的。他引用了俾斯麦的一封信，在这封信中，俾斯麦在一个心情沉重的清醒时刻，让人们警惕世间所有令人印象深刻的东西，因为"（他们）总是和堕落天使相仿，美丽但不和平，计划宏大、努力很多但却没有成功，骄傲和悲伤共存"。

也许当人们主要用我们"是否以及多久"能记住一个历史人物的名字，来衡量他是否是历史伟人的时候，我们从根本上就错了。那些在我们记忆中留存的姓名，大多数时候都是和着鲜血被写进史书的。阿喀琉斯故意赴死，是为了以英雄的身份继续活在集体记忆里。但这真的能使他成为英雄吗？如此一来，下面这个不择手段以求成名的虚荣狂人也可以被称为英雄了。这个无名小卒在公元前 356 年纵火烧毁了世界七大奇迹之一的以弗所（Ephesos）的阿特米斯神庙（Artemis Temple），在被问到为什么这样做时，他回答道："为了成名！"但是，为什么这个虚荣狂人只毁坏了一座神庙就被鄙视，而亚历山大大帝即使毁坏了几千座庙宇却仍被赞颂呢？亚历山大大帝每征服一处地方，所采取的模式是一样的——破坏和掠夺老城、屠杀平民、将妇孺送去做奴隶、亵渎神庙、进行侮辱性的公开审判以及清除当地的整个部族。此外，他毫不在意自己的私人遗嘱，也一点儿不关心谁在他死后继承帝位。"最强的人继位"，他临终前躺在卧榻上，如此回答别人的询问。他唯一有兴趣的事就是名垂青史。因此，他总是让史官和艺术家随行——和在他之后很久才出现的拿破仑一样——让他们为后世记录下他的所作所为。亚历山大和拿破仑这样的人就是以此来实现自己不朽的愿望。但他们真的因此而值得我们颂扬吗？

人们开始寻找历史上经得起黑格尔标准的考验、同时又能超越该标准的人物——因为人们不想把冷血的屠杀者或是王八蛋称作英雄——这样候选人的范围就一目了然了。既能让世界完全翻转，又能帮助旧的统治渡过难关——这样的人究竟有没有呢？我知道一个。

总是这些犹太知识分子

哲学家雅斯贝斯 1949 年在他的世界历史反思录《历史的起源与目标》中将公元前 800 年到公元前 200 年这段时间称为"轴心时代"，因为在这期间出现了一些人，他们所创立的基本范畴在我们今天的思考中仍在使用。在中国出现了孔子和老子，在印度出现了佛陀，在伊朗有查拉图斯特拉，在希腊有一批哲学家，在东方首先出现了预言家，随后耶稣诞生了。所有通过这些名字所构建的，就在很短的几百年间几乎同时在中国和印度，在东方和西方，在他们互不知情的情况下产生了。然而，为何基督教占主导的西方世界可以实现资本主义在全球的扩张和全球化？

答案可以从一位出生于一座文化都市的犹太学者身上找到，他的希伯来语名叫 Saul（扫罗），希腊名叫 Παῦλος（保罗）。因为在世界史上，他是连结犹太教、古希腊罗马时期的文化和基督教的铰链。使徒保罗是基督教早期最重要的传教士。如果没有保罗，在罗马帝国也会形成一些基督–犹太教

派，但它们不会发展成群众运动。公元 1 世纪很多
地方出现了伟大而富有激情的男子，他们布施福音
或者向人们宣称新时代即将来临。其中也有很多成
功的传教士，但只有保罗赢得了大众。他是怎么做
到的呢？他是一位连接者、传播者、桥梁搭建者。
保罗出身于一个有名望的犹太家庭，但他拥有罗马
公民权并且可以自由活动。他是一位杰出的神谕教
师，但他也自视为拥有希腊传统的哲学家。有人认
为，基督教成功的秘诀恰恰就在于将犹太精神和希
腊精神联结了起来——这引发了一种精神爆炸，保
罗也就成了这场核聚变中的爱因斯坦。

基督教的原始教徒是由虔诚的犹太人组成的，
他们不想让非犹太人进入他们的圈子。保罗决定走
近异教徒，尤其是包括城市精英和受过教育的人在
内的异教徒。为了让他们接受基督福音，他必须以
希腊哲学家的思想和逻辑打动他们。这是一次巨大
的进步。这使《旧约》中的思想和希腊思想第一次
产生了碰撞。第二次革命性的进步，是保罗并不区
分布道对象的出身、社会背景或族裔。此前，宗教
只是涉及单个部落，最多是某个民族。继原有的上

帝–犹太人联盟之后，基督教把自己理解为上帝与所有人的新联盟。自此，世界上有了第一个适用于全民、适用于所有族群、所有社会阶层的普世宗教。保罗的布道也由此证明了其威力，他的"全民宗教"概念是对基督教各宗派的原教旨主义者的挑战。此前的基督徒与世隔绝，认为基督教只是少数圣徒和苦行僧的宗教。对保罗而言，对原教旨主义者和极端禁欲主义者进行挑战纯粹只是一种神学上的诉求。他不希望基督教自设障碍，而是希望它能被带到尘世，并且在争吵最激烈以及最腐臭的地方磨炼自己。至于由此对世界史产生的影响，保罗自己可能并没有预料到。

大多数史学家赞美保罗，首先是因为他将希腊哲学和犹太–基督思想结合了起来，并且帮助它们相互促进。但更有力的也许是另一样影响，即使这种影响可能是他无意识造成的：尽管保罗很博学，对希腊的哲学思想和《旧约》里的记载也都很尊重，但他是第一个坚持认为理解神圣的东西的最重要的感官不是头脑而是心的人。这对于古代大多数人来说是种很奇怪的想法。但他这种几乎是临时提出的东西，并不逊色于"个人主义"这个理念的发明。

　　此前神被认为是遥远、残忍、喜怒无常的，他们大多是无法接触到的——这也挺好的，因此人们害怕神，并不喜爱神。那种热爱神的想法是很可笑的。更荒谬的想法是神——或者是强大的上帝——可以认识并且爱每一个人。保罗布道说："每一个人都被上帝爱着。"给人们送来洪水和蝗灾以示惩罚的上帝现在能和每个人对话，并且能聆听每一个人最平庸的苦闷，而不只是为大祭司和国王而存在。"所有人的宗教"这个计划是一个具有革命性的和原始民主性的行动，并伴随着巨大的后果。通过强调上帝和个人的关系，即所有人都能接触到上帝，保罗把一种普遍的人类尊严的理念带到了世界上。美国社会人类学家欧内斯特·贝克尔（Ernest Becker）将这称为"基督教的世界图景中最令人瞩目的一个。他吸收了奴隶、残疾人、白痴、愚人和强者，并使他们所有人都成了潜在的英雄"。这极大地背离了所有传统价值观，为了在世界舞台上产生某种意义，古希腊人只愿意成为大力神赫拉克勒斯或者阿喀琉斯。那些早期的殉道者所讲述的新英雄史，事实上为基督教徒在公共关系方面的成功做出了贡献，并促进了基督教教义在古罗马晚期的迅速传播。突然之间，那些为自己的信仰赴死的大力神式的人物不再重要，取而代之的是 15 岁的女孩或者奴隶。

上帝对每个人有个体之爱的福音被证明是难以抗拒的。诸如个人主义、人类尊严以及对个人价值的信仰等现代概念，都要归功于这个"上帝爱每一个人"的理念。直到很久以后，非宗教的人文主义和世俗的价值准则才接纳了个体的绝对价值和个体宗教自主性的观念。世俗的有关人类尊严的理论无非就是剥离了宗教内涵的、由保罗传播的基督福音。

保罗传播的福音宣称，每个人体内都有神性闪光点，这种说法中还潜藏着更多社会和政治引爆物。比如其中包含上帝面前男女平等，或者主人和奴隶的平等。保罗向震惊的人群布道，他说上帝借助精神的力量，离每个人都相当近，离那些在强权等级制度中最底层的人们很近，离那些被所有人忽视、什么也不算的小人物最近。这种福音在古罗马晚期肯定让人们感到非常震惊。就在那些城市里（其中精英少，但更多的是出于经济和社会原因不能成为社会一部分的、什么也不算的小人物）很多人加入了基督教。教徒群体扩大得很快，他们互相团结、扶困济贫，通过这种方式，逐渐受到关注。基督教所到之处，都发生了很多改变。

但基督教的传播也是伴随着暴力进行的。16 和 17 世纪，西班牙及葡萄牙对中美和南美的征服就是一个特别黑暗的例子。然而即使作为基督教坚定的反对者，人们也不能否认，基督教将对古罗马人而言完全陌生的思想带到了世界上，即对"弱的崇拜"。对犹太人来说，耶稣在被处死之后就没有资格当他们的救世主了。犹太人期待他们的救世主能成功地重建大卫的王国。在希腊和罗马人看来，耶稣同样不适合当英雄。在他们眼中，被钉死在十字架上是一种最不英勇的结局。保罗将十字架之死重新诠释为胜利——作为终极牺牲者，耶稣将人类所有的罪一肩承担。这就完全颠覆了古罗马的价值体系并重新定义了何为英勇。经由这个悖论，即通过放弃暴力取得成功，他表达了一些东西，这成为西方世界的精神内核。

我不知道非暴力的秘诀是什么，为什么其中包含着如此多崇高的东西和一种矛盾的力量。有些事物我们不是靠众览全局，而更多的是靠直觉来理解。

在这里，我按时间先后给出十大英雄的排序（我承认这是很个人的观点）。

1. **摩西（公元前 1500 年前后）。** 他是一个历史人物吗？就像古老历史的讲述不能被理解成科学陈述一样，《出埃及记》也不是我们通常认为的历史陈述。但是，《出埃及记》所记载的关于人的本质与创世以及造物主之间的关系的故事却有其说服力。在早期沙漠与河流文化的神话中，一切由暴力和强权主导。然而，《出埃及记》通过神谕－叙事的方式，让意义、秩序以及道德维度进入了人类历史，通过摩西产生了自由的理念。《出埃及记》讲述了人类的第一次革命。

2. **保罗（大约公元前 5 年到公元 64 年）。** 作为身体上有残疾的犹太知识分子，他融合了犹太教、基督教和希腊哲学，创造了世界宗教并发明了"个体"这个概念。

3. 泽诺比娅（大约 240—273 年）。她可以作为世界历史上所有这一类人物的代表，他们曾经伟大，但今天几乎没有一个人再对其感兴趣。她的意义差不多可以这样理解，即使你很伟大，你也会死，会被人忘记。

4. 卡尔大帝（约 747—814 年）。如果有人因普京光着上身现身于公众而取笑普京，那么他必须知道第一个法兰克国王卡尔大帝经常在众目睽睽之下洗澡，以此展现自己的活力。他是欧洲的第一个明星皇帝。从他的战斗城堡帕德博恩（Paderborn）出发，卡尔大帝征服了（即基督教化了）中欧，并把它分封给自己的亲信。他所创建的，就是今天的欧洲。

5. 马丁·路德（1483—1546 年）。大概在德国人看来，他是一个英雄。在某种意义上，他是第二个阿米尼乌斯，因为阿米尼乌斯曾作为日耳曼人的首领反抗极其强大的罗马人。路德勇敢善良，改变了世界，从这个角度来看，他是黑格尔意义上的英雄。但他也引发了灾难——资本主义。马克斯·韦伯认为，无论如何，这笔账要算到路德的头上。

6. 玛丽·安托瓦内特王后（1755—1793 年）。
她是奥地利公主，却在巴黎走上了绞刑架。在赴死的途中她踩到了刽子手的脚，仍镇定地说"对不起"。就这一点，对我来说，她是女英雄，因此应当列入这十佳名单。

7. 弗罗伦斯·南丁格尔（1820—1910 年）。
她被称为"提灯天使"，现代医务护理的创始人。这样一个人不用多说，属于十佳。

8. 雅努什·科扎克（约 1878—1942 年）。他是一名波兰医生，自愿陪伴其孤儿院的孩子到特雷布林卡（Treblinka）集中营，因为他不想将那些信任他的孩子们单独抛下。他是所有为爱而殉道的人的代表。

9. 纳尔逊·曼德拉（1918—2013 年）。如果黑格尔和布克哈特在 19 世纪可以毫无争议地将军阀称为英雄，那么今天必须允许我们将那些和平的缔造者也称为英雄。作为腾布（Thembu）王室的后代和南非自由斗士，曼德拉的一生几乎有三分之一的时间都在监狱中度过。被释放后，他不索求赔偿，而是为和解而斗争。

10. 哈立德·阿萨德（1933—2015 年）。他是我们所有还活着的人的代表。

« Keine Armee kann sich einer Idee widersetzen, deren Zeit gekommen ist. »

— VICTOR HUGO

『没有军队能够违抗时机已到的理念。』

—— 维克多·雨果

矮胖子问题 [1]
人可以修复世界吗？

Das Humpty-Dumpty-Problem
Kann man die Welt reparieren?

5

为了帮助振兴希腊的国民经济，法国导演吉恩－吕克·戈达有一个很诱人的想法，即每当人们在交谈和讨论时使用了古希腊的理念，就应立即向雅典汇款 10 欧元。仅仅"民主"或"逻辑"这两个概念的版权就能瞬间改善希腊的国民生产总值。然而，靠"审慎"（sophrosyne）也许挣不到多少钱，尽管"审慎"其实是古代最核心、最美妙的理念。"审慎"也是古希腊戏剧的核心要求。希腊戏剧的情节总是一样的。一个主人公步入舞台，英勇地征服世界……只是为了在结束的时候倒下。一个

1 Humpty-Dumpty，矮胖子，出自英国童谣，是蛋的拟人化的称呼。

对人类无穷能力满怀尊重的神秘声音传达着"人们的过度行为会引起灾祸"[2] 的道德教诲。这里请你想想索福克勒斯的《安提戈涅》剧中的背景合唱:"奇异的事物虽然多,却没有一件比人更奇异……(他耕种土地,日夜不息,等等)……他用技巧制服了居住在高山之巅的和游荡在旷野之上的……这才能有时候使他遭厄运,有时候使他遇好运。"

人类能够做最最卓越的事,也能干最最无耻的事。两者皆有可能。人类的可能性是如此巨大,以至于自我限制的能力和"不为所能为"的能力也许是自由的最优雅的形式。审慎就是谨慎的自我约束。就像歌剧里的合颂所唱的,征服世界,但要同时找到合适的尺度。如果人们将荷马史诗中所有的道德伦理总结起来,就会得出一句话,就像巴伐利亚人说的那样——Reiß di zam(克制你自己)!善、美德,这对于荷马来说不仅仅意味着道德上的正确(这首先也是更美好的选择)。凡是人们能够自我克制的地方,就会有和谐。克制是审慎的核心思想。忠诚、

2　译文引自罗念生译《安提戈涅》,参见埃斯库罗斯等著,罗念生译,《罗念生译古希腊戏剧》,北京:人民文学出版社 2015 年版,第 96 页。

勇敢、坦率、公正都是由于美好与和谐而绽放。背叛、偷窃、不忠，都是因为只关注自身利益，不知克制为何物，这在荷马看来是异常粗鄙丑陋的。人们可以自由选择好与坏、美与丑。

虽然从研究荷马和古希腊罗马时期入手，能让我们比较轻松地了解思想史的发展概况，但是这样似乎过于轻松了，如果人们想要进一步探究思想史的话，必须追溯到更早的时期。

每个人都有理念？

理念到底是什么？理念（idea）这个词，首先指的是图像或印象。第一个理念就是理念本身——脑海中的图像。为了制造最简单的工具，一个石斧，人们需要一个理念，也就是，最后它应该是什么样。人们思考时，需要在脑海中有一些图像。我们靠捕猎和采集为生的祖先在看见野兽的踪迹时脑海中也有图像。他们在脑海中看到了这个即将被猎获的动物，他们学了识别踪迹并对此进行解读。在墙上画野兽图像的人，一定也是在遵循某种理念，例如借此他能够将自己狩猎的运气（或者部落的狩猎的运气）记录下来。

想象某些人和超自然的东西有着某种特定的联系，他们能够影响群体的狩猎成果以及他人身体的健康，这肯定是人类很早就拥有的一个理念。后来人们还相信，不仅是狩猎的成功，庄稼的收成也依赖这些中间联系人。人类历史上第一批领导人极有可能是萨满。现在人们可以说，这些最有天赋和魅力的人得到了认同，或者也可以说，那些更会吹牛和胡扯的人攫取了权力。那时候，这两类人的差别并不大。无论如何，在最早的社会结构中，巫师都是第一层，而战士、强者则在第二层，紧邻巫师阶层。战士阶层也有自己的领袖。后来这自然会因话语权而起纷争。随着社会分工的细化，所有这些早期的人类文化都发展出了牢固的等级制度。就连蚂蚁和蜜蜂都有等级制度，就像猴子一样。但是，只有人类才能够"构想"出一种等级制度，并按照共同的约定组织起来。我们所构想的等级制度也是人类的理念，如果没有它，仅就出于组织协调的原因，就不会产生高度文明。

或许，等级制度并不是一种理念，而是我们的一种发现？那它是天然的吗？是上帝赐予的吗？自由呢？我们所说的自由，在它第一次被歌颂时，人类的历史已然过去了数千年。历史上大多数时候，人类是不自由的，不自由是世上最平常的一种状态。例如，关于有的人为什么从属于另一些人的问题，千百年来都没有被探究过（讽刺的是，直至18世纪，即使在奉行自由主义的北美也是如此）。"人可以是自由的"这种理念，在人类历史上极长一段时间里都被认为是荒谬的。在古代东方语言中根本没有关于自由的词汇。自由这个词第一次出现是在公元前16世纪到公元前12世纪的所谓的青铜器时代，那时，闪米特人的游牧民族反抗强大的埃及对其的奴役，于是自由这个问题引起了关注。公元前1400年的某个时间出现了暴动和人民运动，无论如何，这些在历史上不再可能精确重构的东西凝聚成一个力量巨大的故事，这个故事在公元前6世纪，记录在希伯来人的托拉（Tora，即神谕）上。此前，该故事只是一代代口耳相传，却产生了如此巨大的影响，以至于今天它成了犹太教、基督教、伊斯兰

教以及现代世界的创立神话。这里我们谈论的就是
《出埃及记》。

　　《出埃及记》中犹太人对埃及人的反抗，以及
逃向圣地的神奇故事的革命之处和新颖之处不仅仅
是对大规模反抗奴役（自由运动）的首次记录。此
外，这是否是唯一的一次"出埃及"，或者在摩西
的故事中象征性地凝聚着更多的暴动和逃亡，也无
关紧要。这个故事的影响如此巨大，以至于它成为
人类历史上从多神论到一神论的转折点。从本质上
讲，在《出埃及记》中，就像在摩西书中描述的那
样，是关于结盟的信息。结盟不能没有忠诚，忠诚
又是以自由为前提的，否则忠诚毫无意义。"信仰"
在《旧约》中就是忠诚、信任。这种信仰就是：上
帝和以色列人的子孙订有盟约，要将他们从奴役
中解放出来。这就像与上帝之间达成了一种法律关
系。神不再像多神教中那样和个人无关、任意武断
且不可预测，而是一个具体的交谈对象，他能够陪
伴着个人的联盟（这里指犹太人）走上征途。伴随
着有关忠诚的一神论，给世界去魅的第一步已经完
成。这是人类摆脱对巫术和非理性力量的信仰，从

而转向一种强调理性的思考的第一步。巫术和非理性力量不再是可以随意操纵生死、必须通过祭品才能平息的东西。《出埃及记》不再把世界解释成一个混乱的、充满强权的地方，而是把历史阐释成道德的，并且沿着合乎道德的法则向前发展。

虽然犹太教的一神论不是凭空而来，而是始于古代波斯的宗教，经由埃及的统治者阿肯那顿演变为了犹太教，但阿肯那顿的一神论革命关涉的是真理而不是忠诚。借由《出埃及记》所表达的革命性的新事物，本质上是关于上帝是否与我们有共同的计划，如果有，那是什么？古波斯人或古埃及人从来没有提出过这个问题，他们认为自己作为人类和其他的生物包括神灵一样，都是开天辟地的时候出现的。神灵不需要考虑别的，只需让世界正常运行。人类可以通过宗教仪式给神灵一点点支持，目的不是要改变世界，而是据此心怀恐惧地保护自己的地位。然而，《出埃及记》讲述了一个完全不同的故事。它讲述了这样一个世界，其中，上帝把一个民族从奴役中解放了出来，并和他们遵循共同的筹划。成为规划的历史突然有了一个方向和目标，而人类在其中起到了至关重要的作用。

通过《出埃及记》和建立在其上的一神论的世界宗教，上帝走出隐匿之处，并向世人宣告和启示他的意愿（对所有的犹太信众而言是一次性的，但是对基督徒和穆斯林而言是第一次）。因此犹太教、基督教和伊斯兰教也被人们称为启示的宗教。启示的宗教和它们改善世界的伦理观一起，几乎可以说是所有人类意识形态和"某某主义"的始祖。如果没有犹太教、基督教和伊斯兰教，那么人们就无法理解马克思主义。人类已经开始创造一个公正的世界，这也许是人类思想史上的最重要的道路选择。首先，耶和华只是犹太人的上帝，正如他向摩西和亚伯拉罕所显现的那样。但是，从与若干人结盟到和所有人结盟，还只是迈出了一小步。下一步，传道于世界，这也是预料之中的事情。拿撒勒人的团体做出了令人震惊的成绩，从小小的犹太教派中发展出了世界上最大的教派——基督教（世界上大约三分之一的人是基督徒）。值得注意的是，另一个宗教也相当成功，它也是和犹太教有近亲关系的宗教——伊斯兰教。它值得我们在此更加仔细地探究。

和平之家

在世界思想史上，伊斯兰教也占据着重要的一章，因为该教是人类史上的第一个伟大的乌托邦。

伊斯兰教不只涉及个人的虔诚，它首先是要在地球上建立一个公正的、真主所喜爱的、和谐的社会。这也是它与其他两大亚伯拉罕宗教的主要区别。从穆斯林的角度来看，真主对于人类社会的样子有着很清晰的设想。真主总是通过先知给我们施以援手——在穆斯林看来，穆罕默德是最后一个，同时也是最重要的先知——因为没有他的引领，我们自己就会无助、会迷失。伊斯兰教认为真主深爱我们，真主的意愿是，我们在地球上就已经可以过上幸福的生活，而不必局限于天堂。伊斯兰教相信，和平且和谐的世界是可能的，它把这称之为"和平之家"。因此，对伊斯兰教来说，将宗教和国家分离是荒谬的。伊斯兰教涵盖了生活的各个领域，当然也涉及经济和政治。这就是伊斯兰教很难和多元化的社会协调一致的原因。当然，多元化也不是伊斯兰教的目标所在。在"和平之家"中，在伊斯兰教的主导下，和平多元的共存是可能的，但在伊斯兰教之外就不可能。不存在将伊斯兰教作为多元文化中一个平等的组成部分，或者将它置于其他文化的屋檐之下的方案。伊斯兰教不仅是一个宗教，更是宗教的乌托邦。这使得伊斯兰教在犹太教和基督教看来很陌生，因为在犹太人和基督徒眼里，人类尝试凭借一己之力去创造一个人间天堂的乌托邦式的做法是危险的，因为它是狂妄的。对犹太人和基督徒来说，尘世的存在从亚当夏娃开始就是有裂痕的，而这个裂痕仅靠人类自己的力量是无法修复的。有点像矮胖子（Pumpty-Dumpty，英语童谣中一个人物，样子是一个人形的鸡蛋）从墙上摔下来，结果把自己摔碎了，即便是国王的所有马匹和士兵来了也无济于事。犹太教和基督教认为要在上帝的帮助下才能最终修复这个裂痕。虽然我们必须修复世界，但很明显这只是暂时的应急措施。根据犹太教、基督教以及伊斯兰教的观点，历史上上帝和真主所有的行为都是为了拯救人类。但根据《创世纪》和《出埃及记》的叙述（对基督徒和犹太人同样适用），我们人类由于傲慢，一次又一次破坏了上帝的计划。基督徒和犹太人只是期待在所有时间终结处的完美。但对《古兰经》的虔诚读者来说，"世界可以有裂痕"这种思想听起来是对神灵的亵渎。对基督教来说，在缺陷、痛苦中蕴含着更深的奥秘，而伊斯兰教则努力追求一个没有污点的世界。在基督教中，清楚地表达了罪人也可以成为救赎的对象的观点——《新约》和《旧约》中有很多得到宽恕的谋杀犯，从欺骗者雅各布，到诱骗妇女的国王大卫，再到曾是叛徒的首位教皇彼得。

接纳人类，连同其错误一起，因为在《圣经》中，耶稣的家谱里也有杀人犯和妓女。基督教是反纯粹的，伊斯兰教则专注于尘世的完美。伊斯兰教没有所谓"清教徒式的阐释"，因为伊斯兰教的内核就是清教徒式的，但这不是为了折磨信徒，而是为了让信徒们可以生活得更好。

就像你手里正拿着的这本书一样，书籍令人愉悦之处就是它们给人一种"仿佛全人类共有唯一的历史"的美好感觉。既然研究伊斯兰教，那我们就关注一下一个完全不一样的世界构思。我们必须认识到，至少存在两个大的、相互竞争的人类叙事。然而，伊斯兰教的历史在我们的历史书中被讲述得很少。那是一个很美、但也很悲伤的故事。这个故事讲述的是一个在不惑之年陷入了生活危机的商人，他进入沙漠，找寻自我。在沙漠里，他的思想发生了改变。这个经历改变了他的生活，从长远来看，也改变了四分之一人类的生活。这是关于一个也许是觉悟了的男人的忠诚和背叛的故事。这个男人在阿拉伯半岛上结束了多神教，并从那儿出发，创建了一个世界帝国。他有着坚定的意志，操劳着全世界的正义和和平。伊斯兰教的原始梦想是建立一个完全公正、平等、慈善的社会。这个社会也为其内部存在的那些不一致的、封闭的平行社会提供了生存空间。穆罕默德的直接继承者以闪电般的速度在整个地中海地区建立了哈里发统治区，在那儿，犹太人和基督徒也都过得很好。基督徒和穆罕默德一直保持着友好往来，穆罕默德第一任妻子的亲戚是一个基督徒，穆罕默德和犹太人也来往密切。虽然627年麦地那的班·奎雷萨部落中400~900人被斩首的事情表明，伊斯兰教和暴力这个话题还有若干不清晰之处，但是这不能证明穆罕默德对犹太人有敌意。那次臭名昭著的滥杀不是针对犹太人本身，而是针对班·奎雷萨部落，因为它背叛了麦地那，无论如何穆罕默德是这么认为的。在以撒和以实玛利兄弟之间，也就是说，在犹太人和阿拉伯人的神话祖先之间，没有不共戴天的仇恨。当然，双方的母亲互相憎恨，这是确定的。但《圣经》中从没提到以实玛利和以撒不和，在其他没被列入《圣经》的、杜撰的神话里也找不到相关记载。

伊斯兰教将不少犹太人的信仰实践修改后采纳，比如割礼、洗身、区分洁净和不洁净的食物、斋期等。少数派，尤其是基督徒和犹太人能够在早期的哈里发统治区和后期的奥斯曼帝国不受阻碍地发展。他们有自己的管辖权、寺庙和教堂——犹太文化能在像开罗那样的地方真正地繁荣（这在基督教的统治下是不可能的）。第一批哈里发是穆罕默德的直接继承者，他们和蔼、谦虚，给人以好感。他们中的第一个叫阿布·巴克尔，是一个成功的商人，他曾因慈善的目的捐赠了自己的财富，生活也很简朴，以至于有时要靠帮邻居挤牛奶来赚点钱。第二任哈里发奥马尔是穆罕默德的继承者中印象最令人深刻的一个。他是一个公正、仁慈的统治者，就像童话中的人物一样。塔米姆·安塞里（Tamim Ansary）在《世界的未知中心》一书中将他描述成保罗、卡尔·马克思、洛伦佐·德·梅第奇和拿破仑的混合体。在进驻耶路撒冷后（公元 638 年），他对不知所措的人群说，"按照你们的风俗习惯继续生活和祈祷"，他也保护着教堂和朝圣者。

那么，伊斯兰教、基督教以及犹太教之间是从什么时候开始出现问题的呢？尽管流传较广的观点是，十字军东征时还没有出现问题，但在 2001 年"9·11 恐怖袭击事件"发生两个月后，克林顿在乔治敦大学说道，"我们这些祖先来自欧洲国家的人是有罪的。"英国人凯伦·阿姆斯特朗，前天主教修女、宗教学者和通俗宗教书籍的作者，她甚至声称十字军东征是"今日近东冲突的直接原因"。19世纪以前，穆斯林对十字军东征并不感兴趣。在欧洲人看来，12—13 世纪的十字军东征的影响是深远的，它耗费较高的成本，使得欧洲损失了几代精英，但与一个全新的、能丰富人的精神世界产生了联系。对东方世界来说，十字军东征只是一种边缘现象。十字军东征的参与国多为东方的靠近西部边缘的国家。在阿拉伯世界的中心——开罗和巴格达，尤其是阿拉伯半岛，人们对十字军东征一无所知。阿拉伯古代文明的史官将这次突袭看作是原始的、没文化的、非穆斯林的、没教养的人民的冲撞。在阿拉伯人看来，进攻他们讨厌的土耳其人也没什么不合适的。19 世纪土耳其的奥斯曼帝国成了"博斯普鲁斯海峡的病夫"，它落后于欧洲，并最终土崩瓦解，这时人们才回忆起十字军东征和所谓对西方的如决堤之水的愤怒，因为怨恨一直是掩盖自己失败的有效方法。

东西方关系的破裂很可能是缓慢的。13 世纪以来阿拉伯世界的文化开始衰落。为什么会这样，没有人能说清，有些人称它是人类历史上最大的谜团。几个世纪以来，阿拉伯-伊斯兰世界一直处于领先地位。在 7—8 世纪时，欧洲人还在丛林深处捕猎野猪（这些老生常谈是对的），而受伊斯兰教影响的城市里已经有宽阔平坦的道路、灌溉系统、港口和有监控的购物中心（集贸市场）。那时正值一个建设热潮，堪比现在的海湾国家。房屋建造得到信贷的慷慨支持，当然主要是贷给熟人。随着大规模信贷时代的到来，任人唯亲也开始了。普遍的观点是，伊斯兰文化在第四代哈里发时代（656—661 年）就开始衰落了，也就是在它重新陷入旧的氏族思维的时候。其后还有很多伟大的有正义感的统治者，伊斯兰帝国最开始的四位领袖至今都被穆斯林称为"遵循正道的哈里发"。也许穆罕默德的追随者真的试图创建一个公正、平等、和平的社会，这也许正是他们失败的原因。

阿拉伯人总爱说，阿拉伯人的慷慨、骑士精神和分享精神与强大东方的衰落关系密切，他们将贸易权转让给了粗鲁的土耳其人和奥斯曼人。这种说法不无道理。被美化的浪漫的阿巴斯王朝（人们总把阿布巴登家族和《一千零一夜》中的巴格达、伊斯兰教的黄金时代联系在一起）就有这样的不良习惯，将遥远国家（主要是土耳其人和斯拉夫人）的奴隶培养成他们私人的精英士兵和精英官员。原因很简单，他们不相信自己的臣民。因此新的精英层出现了，但是臣民们并不相信这些新精英，当然这些新精英也不相信这些臣民。社会日益分裂，一切都是为了那唯一的对自己部族的忠诚。蒙古人以屠杀、掠夺的方式占领了伊斯兰世界，然后自己又成了穆斯林，于是情况就变得更加复杂了。不久前还统治着伊斯兰世界的奥斯曼人最初是来自中亚的、从蒙古人那逃离的游牧民族。这些新来的奥斯曼人不信任他们的阿拉伯和波斯臣民，同样，他们的臣民也不信任他们。国家的理念和社会成员共存的理念在阿拉伯世界没有传统。今日的阿拉伯世界里没有哪个国家有正常运作的公民社会或类似的共同体精神。几乎哪儿都有独裁者的统治，他们只为自己的部族劳心劳力，或者充其量是家长式的专制君主。无论是在奥斯曼统治下、在殖民时代、在独立时期、在民族主义的年代还是在阿拉伯之春以后，阿拉伯世界的人们因为压迫、不公正、任人唯亲和管理混乱感到窒息。他们的孩子不得不在种族和宗教教派的暴力循环中成长。1956 年的苏伊士运河危机标志着殖民主义的结束，阿拉伯世界又出现了短暂的乐观气氛。民族主义和进步的政府管理着埃

及、阿尔及利亚、突尼斯、叙利亚和也门。1949 年
胡斯尼·阿兹·萨依姆（Husni az-Za'im）在美国中
央情报局的支持下通过政变上台，他说"给我五年
时间，我将把叙利亚变成第二个瑞士"。今天看来，
这句话是多么讽刺啊！

　　尽管几十年来，数十亿的资金以前所未有的流
量注入阿拉伯世界，但阿拉伯人并没有利用好后殖
民时期的自由，做出令人敬佩的事情。在阿拉伯世
界从奥斯曼和殖民国家中独立出来后，用从西方流
入到阿拉伯世界的油田、钢铁厂、高速公路、机场
的资本，再加上阿拉伯国家的自然资源，人们完全
可以建设好多个瑞士联邦。无论是在军事独裁、世
袭君主制的国家，还是在所谓的社会主义国家（卡
扎菲确实是这样称呼他的国家的，他也把贝都因人
叫作"工人和同志"），进步都是无所谓的，而专
制、族阀主义、裙带经济、暴力统治则深深地在阿
拉伯社会中固化。在伊斯兰世界里，没有任何地方
给人以能够随时受到法治国家的保护的美好感觉。
几十年来，数十万人用双脚表决究竟是更愿意在阿
拉伯世界还是在西方世界生活。特别是阿拉伯精

英，他们在蔚蓝海岸 3 有自己的家园，也在日内瓦有自己的银行账户。

一个有魅力的女人

最有吸引力的理念之一就是"欧洲"这个理念，但被所有相关公民写入家谱的"欧洲"一词却来自东方。它来自近东地区，第一次出现是在这样的故事中：宙斯追求一个东方女巨人，他热烈追求的这个女人的名字就是欧罗巴（Europa，欧洲）。欧罗巴是一个国王（该国王的统治区域大约在现今的黎巴嫩）的女儿。宙斯诱骗了她并使她怀了孕。至此，欧洲关涉的是一个有着性动机的犯罪故事，但是欧罗巴的结局很好。她和宙斯的孩子成了国王，并且公正、审慎。这个故事是杜撰的，但可能在深层次上是真的。欧洲以暴力开始，后来不知怎地迎来了转折，创建了文明、法律以及其他所有东西，这些使得欧洲这个地方如此具有

3 法国人将法国南部从马赛、戛纳、尼斯到与摩纳哥、意大利相连依傍地中海的区域称为"蔚蓝海岸"。从 18 世纪开始，它就成为皇亲贵族、富贾名流最时髦的度假胜地。

吸引力。看来西方国家好像已经找到了东方人苦苦寻求而不得的答案。据此，我们再次回到了乌托邦和我们真正关注的主题，也即让世界更美好的理念。

在东方，人们试图在地球上建设天堂。在西方，人们在一些十分血腥的实验之后，被迫认识到，人间天堂是不存在的，除了把那些不完美的东西改善一点点外，人类并没有其他选择。所有现存的东西都被重新审视，因为人们深信，天堂并非人力所能达到的。没有人能拥有绝对真理，这是民主和多元化的原始概念。

因为伊斯兰教认为完美世界是有可能的，所以它必须坚持政教一体。由于西方明确表示不相信完美世界，那么唯一合乎逻辑的便是教会和国家的分离，民主成了唯一能掌控无助和冲突观念的手段。在欧洲，自柏拉图以来人们就知道，民主不是万能的（它可能是被煽动的暴民统治）。最晚从丘吉尔起，人们也已经知道，在糟糕的国家形式中，也存在糟糕程度最低的国家形式。因此民主这个概念也许是排在自由之后最美妙的，同时也是最谦恭的概念，尽管民主这个概念被滥用，尽管那些曾经自称民主的是多么的不民主。民主始于这样一个洞见，即没人能掌握最后的真理，也没有人总是在一切方面都能够比别人了解得更透彻。

在 20 世纪最重要的自由主义思想家波普尔看来，相较于精神上静止不动的东方而言，这种怀疑一切的精神是欧洲的本质特征，同时也是自由西方的核心竞争优势。波普尔认为西方国家的典型特征就是永不停止的内心焦虑。他用地理位置来对此做出解释，在崎岖的狭窄空间中，不同的文化就像是在瓶颈中碰撞。波普尔说，狭小的空间能创造出一种特殊的氛围，一种生机勃勃的精神，并且欧洲人从很早的时候就被教导要对所有事物再次提出疑问。对波普尔而言，这种精神就是西方文明成功的秘密。波普尔曾在一篇文章中公开发问："我们的文化是最好的吗？"并做了肯定回答："它是最好的，因为它自我修正的能力最强。"由于一次又一次被迫修正和调整自己的想法，以及"通向真理的路并不唯一"的洞见，使得西方国家、使得欧洲成为很有吸引力的地方。

那些曾经让西方焦虑不安、并让西方保持清醒的因素难道东方都不具备吗？奇怪的是，发生在欧洲的大灾难、一系列的驱逐、民族迁移、瘟疫和宗教战争，迫使我们重新思考一切，寻找自相矛盾的世界观念共存的可能性，并寻求有约束力的、可靠的规则。教皇与皇帝、教会与国家之间的摩擦是焦虑不安的关键因素，而东方正好缺少这些。

西方的精神也有阴暗的一面，比如"文化帝国主义"。欧洲人有这样的意识，认为自己的文化是最乐意接受改善的、最文明的。出于这样的意识，欧洲人就产生了传播自己文化的要求，以造福所有人为宗旨。罗马人曾真诚地这样做，五百年来，我们也毫不掩饰地这样做（在这一点上，罗马人比我们有过之而无不及）。先前我们这样做的目的是传播一个真正的宗教，今天则是以人权和繁荣的名义这样做。

这个怀疑一切的精神又来了。这是我们欧洲人典型精神的第二个弱点：潜在的自我破坏力。没有接受过任何终极真理的人，最终就什么都不会相信吗？那么什么是仍然有效的？没有一个承载的、统一的理念，最终会是西方的弱点吗？波普尔的信徒这个时候会说："我们骄傲的是我们没有一个统一的理念，而是有很多的理念。"顺便提及一个有趣的事，虽然这一观点源于波普尔，但据说波普尔本人在私人交际中却是很专横的……无所谓啦！拉青格[4]的信徒会对此提出反对意见，即只有存在几个没有协商余地的准则，存在几个通过多数派表决也不能废除的常量，那么不同的观念共存才是切实可行的。这个时代多元文化的积极结果之一，就是它迫使我们思考人类文化不可或缺的核心要素。然而在一个一切都无所谓的世界里，做到反思文化的核心要素就变得越来越困难，因为在这样的世界里一切平权共存。

彻底的波普尔式的自由主义也可能会导致完全的相对主义，进而不再有任何理念是有效的。也许，未来的某一天科学的教条会代替宗教的和自由主义的教条，科学教条会允许一切，只要它们对人类有用。根据"启蒙之王"康德的说法，人类应该成为其道德的唯一立法者。讽刺的是，完全从规则和伦理的束

4　若瑟·拉青格（Joseph Ratzinger, 1927—　），即教皇本笃十六世（Pope Benedict XVI）。

缚中解脱出来的人又成了自己的威胁。也许审慎，也就是自我约束，并不是一个坏主意（理念）。

以下是人类最有影响力的十大理念清单：

1. 理念。最重要的理念是理念本身。人们思考时需要头脑中有画面。要对事物有所设想，无论是手斧、船只还是登月火箭。然后利用这些设想去创造，这便是人类令人惊讶的地方。

2. 时间。在某些文化中，时间是一门秘密科学，存在秘密日历。在有些文化中，太阳的位置决定人类一天的工作。18 世纪英国开始有马车运输服务的时候，全国各地还有不同的时间。伦敦十二点的时候，利物浦可能是十点半。因为没有手机、收音机，所以时间相同与否并不重要。直到工业革命的时候，时间才有了约束力，今天甚至有世界时间。这也证明了，时间是人为的并且是有影响力的理念。

3. 自由。能做决断的个人的自由，比如决断善与恶，让我们成为有理性的生物，在这个意义上，它并不是什么理念，而是被给予的事实。但是政治自由很可能是一个理念，而且是一个相对年轻的理念。在人类历史的最初一千年，不自由是常态。

4. 金钱。金钱是一种发明吗？从早期的贝壳货币到现在的网络购物，金钱只是我们集体想象的产物。金钱有这样的功能，是因为我们同意赋予它这样的功能。这是人类创造精神的杰作，即便是恐怖分子和反资本主义者也参加了这次集体想象。一美元就是一美元。

5. 礼貌。在中世纪早期，许多地方都产生了这样的理念，即通过特殊的举止能在道德上、文化上、社会上凸显自己，并据此获得体面。日本有武士道，东方有泛神论的修道会，欧洲有骑士风度。马克思声称，钱，也就是资本，是世界历史的发动机。事实上，文明进程的驱动力是对体面的追求，而不是金钱。阿布拉莫维奇[5]可以有很多超级游艇，但只有当他在伦敦拥有一座宫殿，收集艺术品，并被罗斯柴尔德勋爵邀请共进午餐时，他才达到了目的。

6. 国家。它类似于骑士风度，也是中世纪早期产生的理

5 罗曼·阿布拉莫维奇（Roman Abramovich, 1966— ），俄罗斯首富，英国切尔西足球俱乐部老板。

念，它也是集体想象的产物。昨天叫匈牙利，几年后可能叫克罗地亚，反之亦然。而几年后，所有人都有同样的欧盟护照并生活在阿姆斯特丹。我有一个邻居（将近 80 岁）住在柏林，她在所谓的德意志帝国、民主德国和联邦德国都生活过，也就是在三个完全不同的国家，而她完全不需要离开她的城市。

7. **平等主义。**它和人类尊严是近亲，这实际上是一个很古老的理念，奇怪的是，它一直延续到现代社会。这种观念认为，我们所有人拥有一样的权利。然而，美国从 1920 年起，瑞士甚至从 1971 年起，女性才有了投票权。

8. **进步。**对进步的信仰是人类最强大的理念之一。尽管我们对进步的信念一次次被动摇，但我们仍然相信，我们能把事情做好，一切都会更好。其实到目前为止，我们已经做得很好了。人类的寿命翻了三倍，婴儿死亡率和致命疾病数降低了，虽然世界人口爆炸性地增长，但人们的生活质量还是提高了。

9. **幸福。**这是一个非常现代的理念。曾经人们并不要求自己过上无忧无虑的生活。今天幸福被认为是一项基本权利，并且是可以通过旅游、消费，甚至药物来获得的。

10. 为什么。人们会问为什么，以及能给出答案的想象，是人类最强大的理念，也许在最后也是最重要的理念。连爱发牢骚的尼采都说："一个人知道自己为什么而活，就能忍受任何一种生活。"

« Kunst gibt nicht das Sichtbare wieder, sondern Kunst macht sichtbar. »

— PAUL KLEE

『艺术并非重现可见之物，而是使物可见。』

—— 保罗・克利

这章可以不要吗？
换种方法讲历史，从艺术入手！
Oder Kann Das Weg?
Man kann Geschichte auch ganz anders erzählen.
Mit der Kunst zum Beispiel!

很久以前，我无意间在维也纳一家音乐类旧书店里见到一本旧书[*]，里面有这么一句话："通过历史，可以了解一个民族的所作所为和命运，通过音乐，则可以看到这个民族的内心。"我在键盘上敲着这些文字的时候，正戴着森海塞尔的耳机听着《挣脱枷锁》——大卫·吉尔摩的一张独奏专辑。不管我们愿意与否，吉尔摩的吉他旋律总是能让人感动（那把黑色的 Stratocaster 型号吉他是世界上唯——把可以为之书写专著的吉他），就像查特·贝克吹的小号乐

---

[*] 伯恩纳德·科特（Bernhard Kothe），鲁道尔夫·普罗夏兹卡（Rudolph Freiherr Procházka）：《普通音乐史纲要》，F. E. C. Leuckart 出版社，莱比锡，1909 年版。

曲，亦如叶普盖尼·基辛或丹尼尔·巴伦鲍伊姆演奏的钢琴旋律。

如果我们想要证实，人类是特别的、以人类为中心的世界观是合理的、从人类视角讲述世界历史是符合逻辑的、人因拥有灵魂所以是独一无二的、人理应立于万事万物的中心，那么就得重视我们的艺术。音乐是所有艺术中最超越感官的一种。音乐或许是所有艺术种类中最原初的一种，它可能是第一个情感的转换器，第一个情绪的减压阀。关于音乐的起源存在着很多的神话和传说。可以确定的是，音乐的起源与人类最原初的、对更高的信仰需求有关，也和人类把自己作为一种承受着苦难的、但同时又是被希望所推动的造物来感知的能力有关。

如今，走进柏林爱乐音乐厅或者纽约卡内基音乐厅去听交响乐的人，都是有意识地在参与高雅文化。这个现象很有趣，因为直到 19 世纪中期，和其他艺术相比，音乐还被视为是价值不高的艺术。如果这音乐是能被唱出来、能用来传达文本信息的话，那么也还算凑合。当时古典的观点认为，艺术最好是"模仿性的"，即模仿现实生活，至少要与现实有所关联。艺术可以根据需要将现实理想化，但若是想拥有某种精神上的价值，艺术就必须与现实有所关联。根据这个观点，没有歌词的音乐就毫无意义，不过是干巴巴的声响结构。到了18世纪，奏鸣曲在巴黎流行起来，这种音乐与歌剧和民歌截然不同，既没有情节发展也没有解释性的叙述。当时就连像丰特奈尔这样敏锐的启蒙作家都咒骂道："奏鸣曲，你到底要告诉我什么？"甚至连极度热爱罗西尼作品的司汤达也很轻视交响乐，比如贝多芬的作品。承认音乐是一种伟大的艺术是德国浪漫主义的功绩之一，以赛亚·伯林在其著名的关于浪漫主义根源的讲座[*]中阐述了这一点。德国人在19世纪就已经用完全不同的口气来谈论音乐了。叔本华曾说："作曲家用一种理性所不能理解的语言，揭示了世界最内在的本质，述说了世界最深刻的智慧。"而这也代表了德国浪漫主义时期几乎所有艺术家和思想家的普遍看法。那个

[*] 以赛亚·伯林的梅隆演讲（1965年在美国华盛顿哥伦比亚特区美国国家艺术博物馆脱稿演说），被译为多种语言出版。德语版译者是 Burkhardt Wolf，柏林出版社，2004。

时候，德国人因其对内心世界和非理性的偏爱，对待音乐颇为严肃，而追求真实客观的法国人对音乐却持怀疑态度。

在德国人看来，音乐大概是最真实、最有力，因而最有趣的艺术，不过对音乐的讨论必须先告一段落。在这本书中，我们想快速浏览整个艺术史，因此把我们的精力集中在造型艺术上是明智的，最好集中在绘画上面。绘画中最值得关注的，则是过去一千年的欧洲绘画。这是一个很极端的限定，但我们也没有其他办法。因为如果我们从法国多尔多涅河的洞穴绘画开始的话，可能明天我们还在这个地方原地踏步。现在我们只关注今天文化中的艺术发展，只能如此了。

当人开始重视自身……

我们旅途的第一站是亚琛大教堂珍宝馆。这里，在厚厚的展柜玻璃后面，人们可以看到大约公元 1000 年于科隆一家金饰作坊制作的洛塔尔十字架。如果人们仔细观赏这件艺术品，会觉得中世纪不可能那么黑暗。洛塔尔十字架正面镶满了宝石，表现了世俗权力。尽管罗马帝国早已覆灭，但十字架的中间仍然是罗马皇帝奥古斯都的侧面像。那个时候，统治欧洲的皇帝自称是罗马人，而实际上是德意志人。奥古斯都在这里算是"友情客串"。奥古斯都代表着罗马帝国，而"德意志民族的神圣罗马帝国"正是援引罗马帝国来获得自己的合法性。十字架的正面是权力的展示，背面则叙述着另外一个真相。这一面没有任何装饰性的东西，只在光滑的平面上刻画着一个奄奄一息的人——耶稣基督。整个画面给人一种不安的真实感。耶稣的身体轻轻地歪挂在胳膊上，头耷拉在胸前，月亮和太阳悲伤地环绕着他的脸。这画面如此真实，以至于让人觉得这个具有戴桂冠的奥古斯都的华丽正面是相当世俗的，几乎是堕落的。

我们现在对耶稣的受难像是如此熟悉，以至于我们完全无法体会在欧洲历史的相对较晚的时期十字架所传达的震撼力量。早期的基督教艺术里还没有出现它的创始者被钉在十字架上的形象，那时的基督教艺术展现的首先是充满希望的场景：复活、升天、治愈和奇迹。在最早的一批教堂里，人们几乎找不到和十字架受难有关的东西。即使有，也是在一些不显眼的地方，比如在建于 5 世纪、位于罗马的圣萨宾娜教堂的小门上。直到 9 世纪，欧洲才突然到处出现了耶稣十字架受难的形象，主要是在一些精致华丽的书籍里或它们的封面上。一开始只是非写实的，没有传达出很多人类的激情。而从 9 世纪中期开始，耶稣受难像展现出越来越强的人性。恰巧就在所谓的特别黑暗的 10 世纪，十字架（它表现着真实受难的耶稣）成了基督教的核心象征。只有通过这一回顾，我们才能意识到，借由这一耶稣受难的形象传达了怎样的一种对人自身的重视。从艺术开始去关注这个受难的人（耶稣）的时刻起，艺术才开始严肃对待人。至此，人可以把自己当作兼怀恐惧和希望、为喜悦和恐惧所驱动的生命来感知，人可以表达自己的感受和欲求。

首先，欧洲的造型艺术只聚焦于一人——耶稣基督，然后是第二个人——玛丽亚，耶稣的母亲。但是他们代表着很多人。这是人类严肃对待自己的第一步。谁若想看看他们具体的样子，可以去科隆、雷根堡或者亚琛的大教堂珍宝馆，仔细看看那些 9 世纪和 10 世纪的福音书和祈祷书。幸运的是，只有在极少的情况下，人们才需要排长的队。

第二站：位于意大利北部阿西西的圣弗朗西斯科大教堂。它的壁画从上到下都是由乔托所绘。乔托是文艺复兴早期和弗拉·安吉利科齐名的最重要的艺术家。乔托画作的有趣之处并不在于它的美，其特别之处也并不是乔托头一回画了真实的人脸、画了带有褶皱的垂落的布料，以及描摹了真实的风景地貌。其画作的特别之处是其意义，是它们在人们头脑里所引发的东西，是它们带来的一种解放。视角的出现和对现实的摹画，意味着一种全新的人类自我意识！文艺复兴的新颖之处首先在于，画家不再是匿名的匠人，而是成了明星。借助造型艺术研究欧洲历史之所以值得尝试，是因为人们在此可以很容易地读出人类自我形象的变迁。首先借助对受难耶稣的摹绘，人自身获得重视。然后借助对玛丽亚的描绘，女性获得重视。14 世纪时，艺术家开始自我实现。到了 15 和 16 世纪，艺术不仅从宗教主题中还从教会中解放了出来。科学和技术创新的伟大时代开始了。现在人把自身的价值提高到如此程度，以至于人不再仅仅将自己视作被造物，而是想自己去创造。

教皇就是桥梁建造者 [1]

第三站是梵蒂冈使徒宫的签字厅。教皇儒略二世在 1503 年登基后没几年，就让那个时代最伟大的艺术家拉斐尔用壁画来装饰他的住所，同时让另一位艺术家米开朗基罗绘制西斯廷大教堂的天花板。那是一个好时代吗？很难讲！马丁·路德称儒略二世为"嗜血者"，罗马人给他的绰号则是"恐怖者"。他好大喜功又极其自私，想要用排场和奢华彻底战胜他的前任——亚历山大六世。他的确是个混蛋，但是如果没有这个人，也就没有那些出色的艺术作品。他将翻新彼得大教堂的任务交给多纳托·伯拉孟特，将他自己墓碑的建造交给米开朗基罗。他易怒不知节制，他让人扩大广场，重铺街道，并为此拆掉

1 德语原文为 Pontifex（罗马教皇、大祭司）源于拉丁文，它的词源含义是"桥梁建造者"。

整个城区。他放手让外号叫"破坏大师"的伯拉孟特进行自由的艺术设计。人们可以想象一下，今天的建筑设计师也不曾获得这样的创作自由。这位教皇却可以不顾人民的强烈反对（和这位教皇的大手笔相比，斯图加特 21 项目[2] 根本就不算什么！）和各个主教的意愿，放手让建筑大师发挥。不得不说，伟大的创作成就有时就是伴随着巨大的破坏出现的。

人们应该仔细欣赏拉斐尔为儒略二世创作的壁画，它们反映了艺术史上的一个转折，展示了艺术的解放，即从纯宗教目的的艺术转向了将人置于宇宙中心的艺术。中世纪的宗教世界和新时代的理性世界在这里可以说是平分秋色。签字厅不仅仅是教皇的住所，也是教皇的私人图书馆。在这里，让人非常感兴趣的是那幅名为《雅典学院》的壁画，它是这个图书馆里的四大壁画之一。儒略二世拥有 220 本书籍。我们之所以知道得这么清楚，是因为有藏书目录可供参考。这些书

2　斯图加特 21 项目指斯图加特市的一项铁路交通重组工程，最主要的工程是主火车站的改建工程。该工程从 2010 年 2 月开工以来，一直受到民众的抗议阻挠。

籍被分为四个主题：神学、哲学、法学和诗歌。它们被整齐地放在壁画下的书架上，这幅壁画则形象地展示了各个区域的主题。哲学书架上方的壁画展示的是拉斐尔通过大胆想象所绘制的到他那个时代的所有伟大哲学家们社交聚会的场景。画上有将近60个人，他们构成了一段思想史，其中既有早期的波斯人，也有古代雅典人，甚至还可以看到一个穆斯林学者和一个女人。柏拉图和亚里士多德站在画面中间，正讨论着什么（这两个人在现实生活中实际上隔了一代）。柏拉图用一只手指指向天空，亚里士多德则一只手掌向下。如果有人说，让这两个希腊哲学的巨星跨时空在梵蒂冈碰面，简直是"划时代"的，这种说法其实还是低调的！因为就在几百年前，基督徒在摧毁古老的异教寺庙和存有异教书籍的图书馆时还没有任何良心上的负担。此外只有在个别零散的修道院里，还藏有一些希腊哲学原始手稿可供研究。突然之间，这些希腊哲人却像受人欢迎的明星一样被挂到梵蒂冈的中心，供所有人赞叹惊羡。

　　如果想要直观感受那个时代的精神氛围，人

们首先必须要知道，那个时候像马尔西利奥·费奇诺（1433—1499 年）那样的、能翻译和评论古代异教文章的教会学者声望都很高。费奇诺是因其所谓的"金线理论"而广受欢迎。他的主要观点是，在所有的时代都贯穿着一根精神传承和伦理传承的金线，这根线从美索不达米亚的古代迦勒底人开始，经埃及人到亚伯拉罕和古希腊的先哲，最后延续到基督教，也就是当时的时代。他神秘地谈到了六大阶段，其中的意义非同小可，因为数字 6 在命理学中是完美数字，紧随其后的便是代表耶稣基督的数字 7，这好比是加冕，是对前面一切的封顶。最终的真相只有通过这一步才能得出，不得不说意味深远。费奇诺将囊括了所有人类已发生事件的总思想史视作对哲学和宗教真理的宏大而普遍的追寻，这一追寻的顶峰就是基督教。1508 年 1 月 1 日，拉斐尔接受委托在梵蒂冈的宫殿创作壁画时，一个罗马牧师在罗马教廷小教堂做晨训。很明显，他仔细读过了费奇诺的书，他语调高亢，宣讲古希腊人的智慧；他情绪激昂，谈及雅典的体育馆——年轻的雅典少年在这里完成肉体和精神上的教育；他还谈到了阿卡德米学园，即柏拉图的哲学学校（6世纪时曾被信仰基督教的查士丁尼大帝关闭！）；他甚至把梵蒂冈视作阿卡德米的延续。他认为，君士坦丁堡被穆斯林占领以及拜占庭帝国结束后，罗马成了古典思想传统最后的避难所。他的大意是这样的："如今，既然拜占庭已经不存在了，那么梵蒂冈就必须成为新雅典！现在轮到我们了，我们必须守护希腊文化！"

事实上，君士坦丁堡在1453年落入奥斯曼人的手中后，数以千计的古老手稿被抢救，并送到罗马。于是，一个不可见的古希腊思想的浪潮波及了欧洲各个精神之都。当拉斐尔画壁画的时候，罗马正在满怀雄心地吸收古希腊的异教哲学智慧，并使之与基督教的精神遗产相一致。拉斐尔通过《雅典学院》所表现的，并不是基督教卑躬屈膝于它曾抗争过的古希腊罗马异教。在教皇的私人图书馆里，放在哲学书籍对面的书架上的是有关神学的书，拉斐尔在这些藏书的上方摹绘了很多教会学者。《雅典学院》正对面就是拉斐尔的《圣礼之争》。准确地说，两幅画的完成顺序正好相反。拉斐尔是先完成了这一宗教主题，接着才去表现异教伟人的主题。人们可以看到，在《圣礼之争》中，基督漂浮于王座之上，两边环绕着圣母玛利亚、施洗者约翰和其他一些《圣经》中的人物，比如雅各布和摩西。下方是个圣坛，还有盛着圣餐（代表基督身体的圣饼）的圣体匣。周围是基督教历史上的伟大学者，有奥古斯丁、安波罗修、托马斯·阿奎那、圣波拿文都拉等。《雅典学院》和《圣礼之争》相向而立，宛如在对话。签字厅使这一改变世界的东西清晰可见，即基督教思想和古希腊罗马思想的相遇。

文艺复兴的一切都是光辉灿烂的吗？

人们爱说文艺复兴是现代的诞生。这一说法的盛行离不开文艺复兴忠实的吹捧者雅各布·布克哈特。要不是这个巴塞尔人，我们几乎不会广泛使用"文艺复兴"这个概念，也许用意大利语的"rinascità"（重生）来描述这个意大利现象才更恰当。"文艺复兴"一词是他从一个法国历史学家那里借用的。雅各布·布克哈特的作品《意大利文艺复兴的文化》于 1860 年第一次出版，此后多次再版。在这本书中他宣称，直至辉煌灿烂的 15 世纪，人类意识一直"半梦半醒地"罩在面纱之下。"这个面纱由信仰、幼稚的拘谨以及疯狂的妄想编织而成。"通过解放理性和摒弃宗教，人类才可以通达自己的本真的规定，获得真正的知识。布克哈特将中世纪的集体精神与文艺复兴时期的个性的苏醒截然对立了起来。

众多历史学家对布克哈特这种街头小报式的非彼即此的理解方式十分反感。伟大的荷兰文化史学家约翰·赫伊津哈在 1920 年对文艺复兴这一概念的历史进行了研究，并对布克哈特的文艺复兴狂热进行了尖锐的批评："只盯着 15 世纪意大利耀眼阳光的他，看不清在这之外的事物。他看到的那张蒙在中世纪精神上的面纱，至少部分程度上，是因为他自己相机的故障引起的。他过分夸大了中世纪后期意大利的生活和意大利之外的生活之间的差异。"难道我们在 9

* 在儒勒·米什莱 1855 年出版的《法国文化史》一书中第一次出现了"文艺复兴"这个概念。

世纪的耶稣受难形象中没有看到个性的表达吗？其
实这就是现今所谓的加洛林文艺复兴。另外，这
场布克哈特津津乐道的复生觉醒——就算它真的如
此强烈吧——难道真的未曾发生在意大利之外？
赫伊津哈就曾从荷兰的视角很有理由地提出过这个
问题。

这是一个每每回顾历史都会遇到的问题——事
后分类的问题。文艺复兴这个概念是一个标签，一
个非常有用和实际的标签。然而它偏偏又是一个标
记了巨大时间跨度的标签。它大约开始于 1300 年，
结束于 1600 年左右——没有人打算准确界定文艺
复兴的起始时间。由此产生了另一个问题——这
三百年间各种发展变化都仅被一个标签涵盖，那么
人们必须要注意，不要陷入使人洋洋自得乃至有些
夸张的言辞中。很有可能，那个时代的很多人文主
义者的确将之前的历史看作迷信和野蛮的时代——
但这并不意味着我们就得随声附和。同样，颂扬文
艺复兴也并不意味着一定要贬低哥特时期。

人们不要忘了，这些文艺复兴时期的艺术"诸
侯"，恰恰都是自我展示的大师。所有的都是新

的！Tabula rasa（白板一个）！全新开始！我们喜欢这些简明扼要的措辞，乐意为之目眩神迷。拉斐尔不仅拥有一家规模宏大、艺术家众多的艺术作坊，并且这些艺术家都在他的名义下工作，同时他还雇有一支公关大军，让他们在全世界传播他的美誉。当拉斐尔接受了一张订单，无论是在梵蒂冈宫的房间里还是在银行家基吉的法尔内西纳别墅的私室里，人们都不该设想他会离群索居、专注创作。其实，那一切更像是如今好莱坞制作大片时的热闹场景，拉斐尔就是史蒂芬·斯皮尔伯格——作为制片人、导演、经纪人，指挥着包括众多艺术家在内的大团队。无论如何，文艺复兴作为转折点的历史地位是不容争辩的——艺术家从此脱离了工匠的地位，成为超级巨星。然而，在那之前，雕塑家乔瓦尼·皮萨诺（1250—1315 年）就曾在比萨把自己的形象嵌入他的艺术作品中。在他之前，哥特时期的天才石匠们其实也偷偷地这样做过。来自兰斯和克鲁尼市的石匠大师曾经像明星一样穿行于欧洲，为教堂建筑而雕塑，尽管他们那时受欢迎的程度仍比不上迈克尔·杰克逊。文艺复兴从何处开始？如果人们要将人文主义的自我意识定义为艺术家的自我表现和狂妄自大，那么这样的东西其实早就存在了。但有一件事的确是新的，那就是艺术家们终于一劳永逸地告别了纯宗教主题。之前在梵蒂冈严肃地描绘基督教教父的拉斐尔，在法尔内西纳别墅创作时，已不再将时间浪费在宗教主题上了，而是展现新的性感之星：爱欲和心灵、希腊的众神。波提切利是第一个敢将性带入艺术的人，他的维纳斯就是第一位伊莉娜·莎伊克[3]，每个毛孔都散发着性感。另外，她的私处光洁明亮——公元 1500 年就有蜜蜡脱毛？并不是，那时候的人以古典雕塑为参考，这些雕像上可是一根毛也看不到的。

这些来自南欧的专业公关的喧闹误导了人们的历史书写，使得人们一提到文艺复兴，眼睛就只盯着意大利。这个账还要算在布克哈特的头上。某种程度上这也是可以理解的。如果我们将文艺复兴称为对古代经典的再发现，那么去参观一下富藏这些文化遗产的地域，当然是有帮助的。描述历史当然要去历史资源丰富的地方。发生在北欧的

3　伊莉娜·莎伊克（Irina Shayk，1986 年生），著名内衣模特、演员。

文艺复兴的一个问题是：比方说，许多极美的尼德兰的艺术作品，都没有熬过宗教改革时期的圣像破坏运动。扬·范·艾克（死于 1441 年），罗希尔·范德·魏登（死于 1464 年），这两位艺术家在当时与拉斐尔和米开朗基罗同样重要，只可惜他们流传下来的作品寥寥无几。安特卫普是当时重要的经济中心，其地位不逊于佛罗伦萨。就是因为北欧人不如意大利人会吃喝，缺乏对北欧艺术家的宣传，导致流传至今、可供历史学家瞻仰膜拜的艺术品少得可怜。

不过可以肯定的是，意大利北部的确不同寻常：北意大利很早就受惠于经济和文化都很活跃的城市网络，很早就有了运作完善的银行业，还拥有很多足够富有并想生活得更加体面的人。而体面的寻求是通过资助艺术的方式进行的。于是艺术在这里空前绝后地发展起来。还有个新现象，南北皆同，那就是资助艺术的钱不再只来自教会，也来自富人。富人手中也积聚了大量经商得来的财富。像梅第奇家族这样的商贩家庭竟然也能出教皇和法兰西王后了。从较早时期——差不多是哥特时期——艺术潮流就开始形成燎原之势。但体面作为艺术的助燃剂，在文艺复兴时期获得了全新的力量。原因在于，一大批新兴精英力图通过商业和银行业进入上层社会，他们看重对地位的炫耀，想尽办法把对方比下去。这一切是通过奢华和美，并以友好的方式发生的。

为什么文艺复兴带有浓厚的意大利色彩，还有另一个总是被忽略的原因，那就是 15—16 世纪时的欧洲，雇佣意大利的艺术家是件很"潮"的事。谁要是游历过意大利，哪怕就去过一次，都很受追捧。像匈牙利的国王马加什一世（1443—1490 年，本名 Hunyadi，拉丁名 Matthias Corvinus，那时人们用拉丁语名字），要是他的宫廷里缺了来自意大利北部的艺术家，简直就是无法想象的。意大利的声望使很多在自己的家乡无法获得成功的二流艺术家有可能在国外找到工作。

何谓现代艺术？

从艺术家们将自己从教会的圣像主题和形式规定中解脱出来的那一刻起，从艺术家们开始把自己作为艺术家来理解，想要实践自己的理念的那一刻起，他们就从单纯的手工匠人变成了天才的导演。他们下定决心用自己的方式表现教会的福音，并以个体的灵感为之增色。这种现象在哥特时代晚期已经萌芽，到文艺复兴时期则蓬勃流行。由此，我们也就到了旅途的第四站……不，不是纽约的现代艺术博物馆，依然是阿西西的圣弗朗西斯科大教堂。现代艺术始于无既定规则约束的艺术自由。一个像乔托这样的人有幸在 1290 年前后享有这样的自由，这成就了他本人的艺术。借助乔托，通向自由艺术的大门打开了。下一步必然是，艺术家开始画他们个人认为真实的东西。再下一步，绘画艺术成了"画家的"，画家们有意识保留自己画笔的痕迹。第一个敢于实践——尽管仍犹豫不决——的画家是丁托列托（死于 1635 年）。其后的伦勃朗就大胆多了，不过这种画法一开始也只局限于自画像，或者在那些能理解他的赞助者的画像上运用。到 18 世纪 70 年代古典风格再次流行的时候，伦勃朗一度被嘲讽为"拙劣的画家"。

　　不知从什么时候起，人们开始摆弄"感知"。

19世纪的印象派已经在画"观看"本身，并因此在早期饱受诟病。表现主义画家则不再画其所见，转而画其所感。当极不幸运的爱德华·蒙克[4]1910年完成《尖叫》的最终定稿，将最深刻的内心外化表达时，当毕加索和布拉克[5]采用多视角创作，将日常生活素材融于他们的图像（工业时代唯一一件合乎逻辑的事）时，当马列维奇[6]1915年完成《黑方块》，而数年之后蒙德里安[7]展示出了他的几何图案时——这一进程终于达到了未来主义和达达主义所断言的天然终点。剩下的，不过是将工业大生产时代的产物宣称为艺术。当杜尚[8]的作品《泉》（一个男士小便器）作为艺术品被收入博物馆时，这种极端已经无法逾越。此后的作品，本质上都是重复，当然其中还是有一两件杰作的。

将包装袋上有趣

4　爱德华·蒙克（Edvard Munch，1863—1944），表现主义画家、版画复制匠，现代表现主义绘画的先驱。

5　乔治·布拉克（Georges Braque，1882—1963），画家。1914年与毕加索合作，共同发起立体主义绘画运动。

6　卡西米尔·塞文洛维奇·马列维奇（Kasimier Severinovich Malevich，1878—1935），至上主义倡导者、几何抽象派画家。

7　彼埃·蒙德里安（Piet Cornelies Mondrian，1872—1944），画家，几何抽象画派的先驱。

8　马塞尔·杜尚（Marcel Duchamp，1887—1968），艺术家，达达主义及超现实主义的代表人物和创始人之一。

的小广告作为艺术来表现的艺术家，如博伊斯[9]；战后几十年间涌现出的表现主义者；美化日常文化的艺术家，如沃霍尔；凯斯·哈林[10]和让·米切尔·巴斯奎特[11]的涂鸦艺术；安塞尔姆·基弗[12]的末日幻象；影像艺术、即兴表演、真流浪汉、排泄物……所有的一切，都是对艺术史终点强有力的、结束性的评注。总有一天，人们会说，一切都已经被说过了。

如果要用十件艺术品让一个外星人理解我们这个世界的精神发展史，什么是必须一看的呢？以下有十个建议（其中一个是例外）：

1. 第一批洞穴壁画（大约公元前 40000 年）。它们或许是牺牲仪式的一部分。

2. 丽景宫的阿波罗（公元前 4 世纪）。它是古代艺术的典型代表。

3. 凯尔特人的礼祭头盔（公元前 3 世纪）。它必须要有一

9　约瑟夫·博伊斯（Joseph Beuys, 1921—1986），后现代主义艺术家。

10　凯斯·哈林（Keith Haring, 1958—1990），涂鸦艺术家和社会运动者。

11　让-米切尔·巴斯奎特（Jean-Michel Basquiat, 1960—1988）涂鸦艺术家，新表现主义艺术家。

12　安塞尔姆·基弗（Anselm Kiefer, 1945—　），画家、雕塑家，新表现主义代表人物之一。

席之位，它代表着全球化进程中受挤压而早早消失的众多民族之一。

4. 兰斯圣母大教堂（始建于 1211 年）。 它很可能是最完美的哥特式建筑，可以代表中世纪的基督教艺术。

5. 拉斐尔的《雅典学院》（1510—1511 年）。 这一作品代表绘画艺术从基督教艺术中的解脱。

6. 戈雅的《裸体的玛哈》（大约 1800 年）。 必须出于色情的理由给它一席之地，它是现代艺术史上第一个自然的、无遮掩的色情女性形象。

7. 梵高的《向日葵》（1888 年）。 这是最适合用来总结印象派（描摹印象）和表现主义（表达自我）的巅峰时期的作品。

8. 马列维奇的《黑方块》（1915 年）。 它被设想成原始图像，作为无中生有的等价物。但它已经变成一个象征，象征着艺术开始走向终点。

9. 安迪·沃霍尔的《金宝汤罐头》（1964 年）。 一箱货真价实的从超市买来的番茄汤罐头。1964 年沃霍尔首次在卡斯特里画廊展出，艺术家（又一次？）完全藏身于客体物之后，艺术现在成了大众商品。

10. 泰伦斯·马力克的电影《生命之树》
（2011年）。谈论艺术，却不提表演艺术，那就太
荒谬了。出于这种考虑，必须提及这部当代巨作。
它出自极度疯狂的来自美国伊利诺伊州的电影天
才马力克之手，可以代表所有伟大的舞台艺术和
史诗般的电影。

« Alles in allem hat die Erfi ndung der Maschinen die Teilung der Arbeit innerhalb der Gesellschaft gesteigert, das Werk des Arbeiters innerhalb der Werkstatt vereinfacht, das Kapital konzentriert und die Menschen zerstückelt. »

— KARL MARX

『总而言之，机器的发明促进了社会分工，简化了工厂里工人的劳动，集中了资本，并且肢解了人。』

——卡尔·马克思

从亚当到苹果
最棒的发明，是否真的带来幸福

Von Adam Zu Apple
Die tollsten Erfi ndungen ... die uns nur leider
nie glücklich gemacht haben

若想严肃探讨人类最重要的技术成果，免不了要先来聊一聊"消化"。人类最最重要的发明应该是掌握用火的技术。对火的控制性运用使我们的祖先从吃生肉转变为食用更容易消化的熟肉，这样一来，一代又一代，人类的肠道越来越短，在消化上耗费的时间和能量也越来越少，于是更多的能量便可用来支持我们的大脑。倘若没有学会用火这一关键技术，人类绝不会发展到现在的状态。这样看来，古希腊的普罗米修斯神话还是挺有道理的。具体何时学会用火，已不可考。但我们知道，早在三十万年前，用火已经属于很多地方的日常生活。

用火最初很可能发生在今天的法国南部，法国人现在也同样重视吃一顿热饭。这让人类向前迈进了一大步。离这最近的一次伟大的技术进步——用于防御野兽的矛——发生在很久之后了，至少是自用火起十万年后。

人类学会控制火以后，武器不再只用于防御野兽，也用于狩猎。那时已经有了刀，还有其他日益新颖、更为复杂的工具。大约从公元前 30000 年起，技术革新加快了步伐，箭和弓都属于那时的高科技兵器，两千年后出现了灯、锅和渔网。大约从公元前 10000 年起，即农业革命之后，创新发明的数量爆炸式增长。它们络绎不绝、飞速涌现。从犁（出现于公元前 4500 年），齿轮（出现于公元前 4000 年）到轭（出现于公元前 3500 年）的普及只相隔了短短数百年。划时代的技术突破间隔的时间越来越短。人们可以将前进的节奏想象成一种声音信号，每一次划时代的技术进步都会发出一个声音。起初声音之间的间距是无限长的，渐渐地相隔时间越来越短，直到它们突然以更快的节奏接踵而至。这有点像倒车雷达的提示音，只不过这里的"倒车雷达"时间跨度特别大。一开始每数百万年才有一个提示音，随后每隔五十万年，然后每隔一万年，然后每隔一千年，然后每隔一百年……直到相邻的提示音之间几乎没有了间隔。1769 年的蒸汽机，1786 年的机械织布机，1799 年的电池，最终提示音几乎成了连续的——电脑（1941 年）、核反应堆（1942 年）……将来的某个时候，提示音将彻底连续。这究竟意味着什么呢？这便是当今美国知识分子热议的话题。由此产生了一种广为人知的理论，称这种时刻为所谓的"技术奇点"。

雷·库兹维尔[1]，谷歌的"御用哲学家"，对此深信不疑。他在谷歌公司的正式头衔是"工程主管"。他认为，机器会在技术奇点这一时刻超过人类。那时不再是人类自己掌控科技，而是科技操控着人类。库兹维尔宣称，2050 年会出现自己可以创造新型超级人工智能的人工智能，这种新型的超级人工智能将有能力创造更新、更优越的超级人工智能。现今硅谷斥资最多的研究就是研发能够自主学习、并在

---

[1] 雷·库兹维尔（Ray Kurzweil, 1948—），美国发明家，预言家，2012 年 12 月起开始担任谷歌的技术总监。

无人指导的情况下建立自身连接和模块的程序。自
2010年起，谷歌每两个月就会收购一项机器人技术
及人工智能公司。2015年美国投行美林证券在一份
长达三百页的内部研究报告上认定，机器人技术属
于未来的核心技术。专家的结论也完全确认这一观
点，机器人技术理当属于新时代的伟大科技革命之
一，与蒸汽机、批量生产、电子技术并肩而立。美
林证券这项研究预估，到2040年大多数发达国家
目前约一半的工作岗位会被机器人取代。在某些
行业，如工具、汽车、食品行业，机器人取代人力
的速度更快。德国电信主管梯莫特奥斯·赫特格斯
（Timotheus Höttges）说："长远来看，所有的体力
劳动将来都会通过机器完成。"

英国经济学家凯恩斯早在1930年就曾预言，
一百年后每周的工作时间将会降低到15小时，余
下的都是空闲时间。他没有预料到的是，世界人口
也增长迅速，如今每12年增长约十亿人。与此同
时，需要的人力却越来越少。尽管西方社会在过去
数百年来社会公平不断提升，却不可避免地要面对
新局面下的人口供养问题，或者承受新的不平等。

医疗水平的进步隐藏着贫富冲突激化的危险，实际上这种危险已经到来了。在乌克兰生重病，还是在保险体系完善的德国生重病，又或是身为千万富翁在美国生重病，这三者之间差别巨大。医学上取得的新进展和基因技术还会继续拉大这种差距。

至少一万年以来，人类以不可思议的、飞快增长的技巧操控着自己的环境。我们不仅能使某些疾病绝迹，甚至能在人类历史中头一次真切地在属于造物主的工作里插一手。硅谷作为技术世界的创新中心，其信条是："凡是技术上可能的，都是好的。"赫拉利认为，人类正要超越智人的界限，进化成一个全新的物种。他说："将来也许会有这样一种生物，他们会以我们曾经看待尼安德特人同样傲慢的目光看待我们。"谷歌的预言家库兹维尔也提到所谓的人类 2.0。继人类基因改良优化技术之后，下一个前沿就是赛博格（Cyborg，生化电子人）的发展。赛博格是通过生物化学、生理学和电子学的优化改编而产生的个体。目前已经有人安装了机械手臂或植入了现代听力芯片，严格来看，人类现在已经被赛博格包围了。美国海军正在进行试验，将神经细胞植入动物体内。这个试验的设想在于有朝一日能够控制动物的行为，例如赛博格－鲨可用于水下作战。Google X 秘密实验室 * 在纳米技术领域投资了数十亿美元，这一技术的应用范围在军事和医学上都备受关注。例如我们可以假设，将纳米微粒置于药片中，人们吞服后，这些微粒可以在肿瘤远未形成时就发现血液中的癌细胞。令围绕着"库兹维尔公司"（Kurzweil & Co.）的"科学共同体"（科学家们会喜欢这样骄傲地称呼自己）激动不已的一个项目就是人脑与电脑结合的梦想。如今，电脑已经有可能读取并处理人脑中的电子信号，进而可以控制——比方说机械手臂。下一步将致力于实现大脑间的联网。人们可以将大脑的内容下载到硬盘上，再将其与笔记本电脑连接。赫拉利问道："如果某个大脑可以直接进入无界限的人类集体记忆，那么人类的记忆、人类意识和人类的身份认同将会发生什么？这样的赛博格将不再只是一个人，更不再只是一个生物体。它将会是一个全新的存在。"

* Google X 秘密实验室是谷歌公司最神秘的一个部门，位于美国旧金山的一处秘密地点，主要进行创意追踪和研发。

我们的父辈还可以对未来做出在我们看来恰如其分的预测。我 10 岁时问我父亲，到我 50 岁时我会生活在一个怎样的世界，即使当时他不一定能预料到手机和笔记本电脑的出现，他也能给我一个相当不错的预言。可是，如果我的儿子问我四十年后的世界会是怎样的，我只知道，那时的世界会与现在截然不同。"首先一切都不一样了，其次这种不一样是人们想不到的。"我妈妈那时曾这么说。这话放在今天再合适不过了。1874 年，马克斯·普朗克想学习物理，却遭到很多人的劝阻，因为当时物理学中所有重要的理论被认为都已经研究完了。然而普朗克仍然选择了物理，并且颠覆了先前所有教授的理论。从此以后，我们知道了在原子内部运行的自然法则竟与我们可见世界的截然不同。而爱因斯坦紧随其后，再一次颠覆了一切。自此我们知道，空间不仅弯曲而且扩张，所有已知的时间定律都不再适用。过去五十年里，世界因科技进步而改变的速度令人既惊惧又振奋。从爱因斯坦发现质能方程式，到广岛、长崎化为灰烬，两者之间仅仅相隔四十年。人们不敢想象，这以爆炸般的速度迅速发展的世界，五十年后又会是怎样一番景象。

DIY！最佳方案

时至今日，人类已经潜入到自然秘密的深处。2003 年，人类遗传的解码被视为一个关键节点。此后不到十年，一种被称作 CRISPR（基因编辑）的技术就问世了。利用这种技术，哪怕在一个三流的实验室中，人们都可以随意而精准地操控 DNA 序列，定向切除特定的基因。从这一刻起，人类无须大量且昂贵的技术投入，就能阻止遗传病的发生，还能使动物成为人类移植器官的储备器。一个时代就此拉开帷幕，人类开始参与并决定世界生物的境况。甚至还有一个专业术语来描述这个时代——人类世，即人类的时代。自此我们不再生活在全新世了。全新世开始于约一万两千年前，那时地球气温上升，人类得以舒适地生活在这个星球上；而在现今的人类世，我们能够掌控自然，这一点并不仅仅局限在生物学上。为冷却升温的地球大气，已经出现了简称为"地球工程"这样的东西，人们借助它可以操控地球的气候进程。

这听起来的确是一个伟大的成果。不过有些人是盲目乐观了，我们不应该为自己对大自然的控制能力太自以为是。我们留在地球上的足迹（砍伐森林、全球变暖、物种灭绝等很多类似的行径）是"我们取得支配地位的副产品"，生活在柏林的英国哲学家史蒂芬·凯夫如是说，他也同样参加了人类世辩论[*]。他说："人类世是人类优越性的证明，同时也是我们失败的证明。"凯夫也对与此相关的一个有趣的问题做出了回答：让人类走得如此之远的发明创造的才能究竟源自哪里？他在著作《永生》中提到，本质上这源于人类永恒的战胜死亡的渴望。书中认为，这是全部人类文明的驱动力。凯夫写道，人类的求存之战常常被认为有些神秘或者有点形而上，其实这是世上最自然的事情："哪怕最雄伟的高山也和海滩上最渺小的沙粒一样，只能被动地忍受侵蚀。而最微小的生物体都会竭尽所能抵抗自然力和敌人……我们碰到的每只猫、每棵树、每只螳螂之

* 参见史蒂芬·凯夫（Stephen Cave）《人类世的时代：地球的掌控者》，载于《金融时报》，伦敦，2014年12月13日。

所以存在，都因为他们的祖先在保存自己和自己后代的生存竞争中是最优秀的。……一只麻木无神、不想方设法来躲避蛇和猫头鹰的老鼠将很快成为食物，它的遗传基因也随之灭亡。"最后，凯夫将人类描述为一种具有独创性的、天赋有点过高的动物。这让我们联想到伟大的无神论者和进化生物学家理查德·道金斯（Richard Dawkins），他相当冷静地将我们称为"存活机器"。道金斯用"我们"这一词并不仅仅指人类，也指动物、植物、细菌和病毒，指所有的有机体，包括地球本身。人类真的能做到利用科技手段永生吗？不太可能。但我们的众多努力似乎都在朝着这个方向挺进。

欧洲实验室

探索精神根植于人性深处，它在极黑暗的古代时期就已经存在。第一批高度文明诞生于中国和两河流域，在这些文明中发明者能够让自己成为有用的人才。随后，古希腊被视为现代科学的发源地，罗马人被认为是新技术的杰出应用者。说到高科技，例如街道照明、排水工程、地上建筑及地下工程，中世纪早期的摩尔人（居于北非的一个混合部族）同样是所谓的"早期应用者"。为何偏偏在欧洲生发出这样爆炸般的力量呢？小麦种植可能是东方的发明，但对贫瘠土地的利用、农田的三年轮种法和农业工业化却产生于欧洲。钱币的发明归功于腓尼基人，而系统化的使用却是在欧洲。银行业是美索不达米亚的发明，早在 12 世纪，穆斯林就知道系统的借贷业务，不过第一个大型银行却诞生于意大利北部。火药是中国人的发明，但当时的火药主要用于烟火。这种能产生炫目色彩并发出噼啪声的爆炸物被系统化地用于大规模杀伤，也是欧洲人干的。为何欧洲人能够对他人已取得的成果双倍甚至三倍地穷根究理、加以完善，并使之工业化呢？

雅斯贝斯有一个很原创性的观点。在他看来，必须刨根问底探寻一切的思想态度深深根植于中世纪的基督教心理。通常一提到古希腊，人们总会将其与典型的欧洲发明和研究精神联系在一起。然而，就像人们在芬利的著作中读到的那样，尽管古雅典人在数学、几何学、天文学、医学及其他自然科学领域都光芒四射，但这一切对傲慢的希腊人来说，不过是自娱自乐或者说是一种贵族式的爱好。如果一个古希腊思想家致力于科学工作，那这也是他为了打发闲暇而进行的高雅活动——绝非出于要将知识应用到实际中去的严肃兴趣。柏拉图在壁画《雅典学院》中理所应当地抬手指向天空，对他而言，重要的是理想和高远的理念，而不是现实中的污秽和灰尘。不过在中世纪基督教中，研究活动在某种程度上也是一种宗教活动。事实上，在古罗马帝国分崩离析之后，中世纪的修道院便成为教育和科学的绿洲。雅斯贝斯写道："《圣经》教义所要求的德行，就是不惜代价地求真……认知就像是对上帝思想的沉思。而上帝——用路德的话说——作为造物主是无处不在的，甚至存在于虱子的肠子中……上帝及其对真理的绝对要求不能通过幻像来理解。"

当人们盘点中世纪的伟大学者时，例如阿尔贝特·马格努斯（Albert Magnus），就是托马斯·阿奎那的老师，很快就会发现中世纪的基督教并不是科学的敌人，那种基督教反科学的印象只是一种偏见。这位施瓦本的小贵族出生在大约公元 1200 年，他在教会中成名，后来到巴黎大学教授亚里士多德的逻辑学，此后在科隆建立了修道院学校，也就是这座城市大学的前身。或者我们可以回望一下和阿尔贝特·马格努斯及托马斯·阿奎那同时代的学者罗杰·培根（Roger Bacon）。他们同属教会人士，是牛津一位方济各会修士。培根是当时最伟大的天才学者，被认为是经验方法论的创始者。他总结了四点阻碍人们接受新知识的原因：1. 过于尊重权威；2. 习惯；3. 对他人观点的依赖；4. 不听教诲。他是激进的基督教徒，和神秘主义眉来眼去，不过多亏他的方法论学说，他才被视为新时代的第一位科学家。在无神论者夺取"启蒙"这一概念的几百年前，他已经是一个"启蒙者"了。培根是罗伯特·格罗斯泰斯特（Robert Grosseteste）的学生，格罗斯泰斯特出身极为贫困，后来荣膺英国主教并成为光、气候和时间等自然现象的研究学者，同时也作为亚里士多德学派的逻辑学大师而为人熟知。

从这种被雅斯贝斯称为"对上帝的触犯"中产生了启蒙时期的对上帝的直接质疑。欧洲开始从宗教禁忌的束缚中解脱出来，直到人类终于能够无视上帝并接管了造物主这一角色。这是一个向来就被人类的神话和叙事所关注的主题。

世界公式这回事

对一本历史书的作者来说，回顾一下那些半真半假、口头流传并充满传奇色彩的各色故事绝不是最糟糕的选择。有时恰恰是在传奇故事里隐藏着比细心整理的史实文献更多的真相。

巴比伦的《吉尔伽美什史诗》是现存的、世界上最古老的英雄史诗。它讲述的是世界上最有能力的一个人，也是一位无所不有且战无不胜的国王。有一天他最好的朋友死了，于是他决定要战胜死亡。他一直走到世界的尽头与巨人和半蝎人大战。他也最终取得了胜利，得到了永生之草。然而在故事的结尾，永生之草却被一条蛇所窃取。他不得不返回故乡乌鲁克。在那里，一家酒吧的女主人把他好一顿训斥，让他终于意识到，他本应该好好享受此时此地的生命，并安然地接受死亡，而不是百般抱怨。要是吉尔伽美什此前能先到酒吧遇到女老板，那他早就能认识到这一点，也犯不着冒这么多徒劳的风险了……但若没有这些冒险，他的故事可就远没有这么精彩了。众所周知，亚当和夏娃的故事结局并不美好。那时人类急切追求全知全能，希望与上帝比肩，这种欲念最终受到严厉惩罚。还有，如果普罗米修斯的故事是真的，那这位给我们带来火种、带来进步的人也同样遭受了严惩，他被绑在高加索山脉的一块岩石上，一只老鹰每天都要飞来啄食他的肝脏。

陀思妥耶夫斯基也曾勇敢地涉及该主题。他关注的问题是，人类为何如此执迷于掌控自然。在他的长篇小说《卡拉马佐夫兄弟》中，有一段著名的宗教大法官的独白。场景是西班牙宗教法庭审判的高潮部分。当耶稣基督突然决定重返人间的时候，用来执行火刑的柴堆在塞维利亚熊熊燃烧。在陀思妥耶夫斯基的笔下，耶稣行走在塞维利亚的街头——他很快被认了出来……并被大主教，也就是宗教大法官的卫兵抓起来关进了监狱。夜里，监狱的门打开了，大法官放置好烛台，开始劝服耶稣。

这位教会人士将这个充满不幸的世界归罪于上帝的创造。是上帝拒绝为人类带来尘世的天堂。正因为如此，人们除了自给自足自我负责之外，还有什么选择呢？在陀思妥耶夫斯基看来，人类的求知欲是对上帝创世之不够完美的反抗。在大法官宣布耶稣将于次日被处决的消息前，他向他的囚犯描述了未来的文明，届时科学将会使一切焕然一新："原先供奉着你的神殿，将被崭新的高楼大厦取代。那座令人恐惧的巴别塔也会被重建。"这样的一座神殿，在今天将是什么样子呢？也许就像一座基因技术实验室？

我的朋友赫拉利认为玛丽·雪莱（Mary Shelley）出版于1818年的《弗兰肯斯坦》是我们时代最重要的小说。顺便提一下，这本小说原名是《弗兰肯斯坦，或现代的普罗米修斯》。与普罗米修斯的传说一样，这部小说的主题也是对诸神的挑战，探讨人类究竟是自然的一部分还是它的主人。希腊神话中的普罗米修斯是位英雄，尽管他不得不为英雄行为饱受折磨。玛丽·雪莱将人类的求知欲和创造欲描写为一种灾难。她小说的主人公维克多·弗兰肯斯坦（Victor Frankenstein）绝不是什么英雄。他后悔自己创造了一个怪物，为了杀死这个怪物，他穿越半个欧洲追捕它。最终弗兰肯斯坦自己也死了。最后一幕发生在深海上。这个怪物发现创造它的弗兰肯斯坦已死，在胜利的这一刻它感到了绝望，跳入了大海黑暗的洪流中。

也许我不应该让这个阴森的故事，而是让弗里德里希·迪伦马特来做这一章的最后发言。在他的戏剧《物理学家》（1962 年）中，莫比乌斯教授发现了一个世界公式。为了不让这个发现落入居心叵测之人的手里，他设法把自己送进了一所精神病院。在这个与世隔绝的机构中，他遇到了牛顿和爱因斯坦，两人都想从他手中窃取这个公式。最后，他们一致同意，彻底销毁了这个公式。如果这对你来说是个皆大欢喜的结局，那么请继续往下读《物理学家》。如果不愿继续往下读，就请看看脚注*。

下面是一份人类最重要发明的清单。我故意将各项发明、发现和技术革新随意排列，请

---

* 精神病院的看护长此前已经复制了莫比乌斯发现的世界公式。

勿吹毛求疵!

1. 石斧。 大约在一百七十五万年前第一次出现了简易的石器工具。这些工具主要用于砸碎骨头。在那之后，很长时间里都没什么新发明。早期人类非常懂得知足常乐。

2. 掌握用火的技术。 智人究竟是在何时何地第一次生起火来，早已不得而知。但在约三十万年前，火似乎已经存在于人们的日常生活中。"火"成为神话的一个重要主题，也就不足为奇了。

3. 船只。 约在四万五千年前，人类第一次鼓起勇气，涉足海洋——这真是不可思议的勇敢! 这感觉一定像是踏入了世界的第四维。人类再次用智慧战胜了自然。大约在公元前 3000 年，出现了帆。公元前 475 年起人类有了指南针。

4. 小麦种植。 农业革命（约在一万两千年前）导致了各种创新的大爆发。一个重要的元素随着农业的规模化登上了世界舞台，这就是时间。对于猎人和采集者来说，时间无足轻重。但对于农民，时辰和季节更替却和生存息息相关。

5. **火药**。早在公元 800 年左右，中国人就已经开始使用火药了，主要用于娱乐、烟火表演之类的活动，随后也用于采矿。而把这项技术应用到武器上，是大约 600 年之后，欧洲人想出来的主意。从此，作战的形式被彻底改变。

6. **印刷术**。在印刷术发明之前，作者（和读者）是一个非常特殊的群体。人们怀着极大的敬意触碰书写下来的东西。而自 1450 年欧洲出现了活字印刷后，很快，人人都可以、也被允许写作了，包括心怀恶意、造谣毁谤之人。

7. **蒸汽机**。从 1769 年开始，人力不再是限制经济发展的因素。首先受益的是纺织业。大不列颠成为世界工厂。1825 年一位英国工程师将这项技术应用于煤矿业，将煤炭从矿山中运出。第一辆蒸汽火车头开动五年之后，利物浦到曼彻斯特的铁路线开通。越来越聪明的方法陆续涌现，例如核能，它可以将能量从一种形式转换为另外一种形式。

8. **文字**。最早的文字（约公元前 8000 年）是刻在容器上的，好让人们知道里面装的是什么。在早期的文明中（约从公元前 4000 年起），文字越来越多地成为一种仅供上层神职人员和宫廷人士独享的秘密学问。直至拼音字母出现后（大约公元前 1000 年），才算有了"人人可用的文字"。基于字母的文字很简单，每个人都可以学会。

9. 可口可乐。 1894 年瓶装可乐诞生。1908 年亨利·福特 T 型车的上市和瓶装可乐的意义相同。这意味着：人人都能消费得起的商品成为世界革命的开端。商品不再只为少数上层人士生产，而是人人都可以购买，并且产量越来越多。

10. 电脑。 电脑的出现要归功于军事。1833 年英国数学家查尔斯·巴贝奇（Charles Babbage）就已经建造了他的"分析引擎"，目的是简化航海表格的计算工作。第一代电子计算机是在第二次世界大战末期由美国人为美军总参谋部研发而成的。电脑技术使我们能够解码人类遗传物质，进军宇宙，同时也让我们建立起完备的数据网络。

« Es gibt Ungeheuer, aber die sind zu wenig, als dass sie wirklich gefährlich werden können. Wer gefährlicher ist, das sind die normalen Menschen. »

— PRIMO LEVI,
SCHRIFTSTELLER UND HOLOCAUST-ÜBERLEBENDER

『存在着怪物，但是他们数量太少，以至于不能构成真正的威胁。比他们更危险的，是普通人。』

——普里莫·列维，作家、纳粹大屠杀幸存者

恶魔股份公司
我们为何对历史中的邪恶着迷

Die Monster AG
Über das Böse in der Geschichte –
und warum wir so fasziniert davon sind

1889 年 4 月的一个晚上，上奥地利州的因河地区，一个母亲正在担心她刚刚出生的孩子是否能活下来，而医生正弯着腰，关切地看着这位浑身发抖、泣不成声的年轻妇人。两个月之内，她已经失去了三个孩子，古斯塔夫、伊达和奥图都年幼夭折。其中两个死于白喉，第三个死的时候还是个婴儿。妇人对他的丈夫无比惧怕。"您知道奥图出生后他说了什么吗？"她向医生说道，"他走进房间，望望奥图，说'为什么我的孩子都是这种病秧子？'"过了一阵子，她丈夫走进来，一身酒臭，留着同弗兰茨·约瑟夫皇帝一样的胡子，"这个比奥图那时候还弱小，"他抱怨说。医生批评了他，妇人的眼泪又夺眶而出。"这几个月我天天祈祷，只求这个孩子能活下来。"她号哭着说。男人大吼："不要哭了！"

这个故事——作者是罗尔德·达尔[1]——的关键点在于，这个新生儿活了下来，并且慢慢成长为一个叫作阿道夫的男孩。只是读者要到最后才会发现这一点。直到故事的结尾，读者还一直和这个婴儿一起担惊受怕。人们会感到恐惧，如果人们知道这个婴儿就是后来导致数百万人死亡的阿道夫·希特勒的话。罗尔德·达尔的这部小说虽然是虚构的，但有一点倒是有现实依据的，即老阿洛伊斯·希特勒，也就是安娜·玛利亚·施克尔克鲁勃的非婚生子，据说的确是个施暴成性的酒鬼和控制欲极强的人，但对此人们也没那么确定。阿道夫·希特勒对他的家世和出身都完全撒了谎，试图抹去所有的痕迹。这样一来，还原他的童年就没那么容易。他那谎话连篇的自传《我的奋斗》只是隐隐约约地描述了

1 罗尔德·达尔（Roald Dahl, 1916—1990），英国著名儿童奇幻文学作家，著有《查理和巧克力工厂》《好心眼的巨人》《女巫》《了不起的狐狸爸爸》《玛蒂尔达》等。这里提到的是他的短篇小说《创世纪与毁灭》中的情节。

他的父母，他把父亲说成是个普普通通的"邮政官员"。他这么做的目的是为了让其孤独、冰冷的底层上升之路多点可信度。然而希特勒在维也纳失败的、失业的画家生涯是他自己的选择。上学时他是个彻头彻尾的失败者，十几岁时他就是——用希特勒自己的词汇就是——"厌恶工作的"。作为一个来自当时还很落后的下奥地利林区的人，希特勒的父亲相比之下要有成就得多。老希特勒是林茨地区颇有名望而且收入可观的海关官员，死的时候当地报纸还刊登了他的讣告。这当然和希特勒的一个孤独的底层男人对抗资产阶级联盟的传奇不合拍。他的母亲倒是与他自编的简朴童年生活更符合。她的确出身于彻底的无产阶级，曾是女仆。在嫁给海关官员阿洛伊斯·希特勒之前，她负责给他打扫屋子。这已经是男方的第三次婚姻。关于希特勒的外祖父有着各种荒诞的流言。成为帝国总理之后的希特勒禁止发行任何有关他的家庭和私人生活的出版物。1942年，有人向他报告说，在施皮塔村——也就是他外祖父的出生地——发现了一块纪念他外祖父的石碑，希特勒为此很恼怒，这次发怒算得上他出名的咆哮中的一次。

希特勒的妹妹保拉直到 1960 年才死于贝希特加藤，终年 64 岁。听起来可能很稀奇，她一直被希特勒的一个前女友咪咪悉心照料着。希特勒多年前就离开了咪咪，很显然，她却还是那样地仰慕着希特勒，以至于战后去照顾保拉。美军对保拉·希特勒的审讯材料现在还可以在华盛顿的国家档案馆看到。1945 年美军逮捕了保拉，经过多次详细讯问后不得不很快将她释放。战时大部分时间她生活在萨尔茨堡，无法证明她有什么个人的违法行为，她也不是纳粹党员。战争一结束她就在维也纳的一家工艺品商店工作，晚年在贝希特加藤的一间 16 平方米的小公寓里靠救济金过活。关于希特勒的亲属，人们知道得很少。与此有关的只有一本书、两篇 20 世纪 50 年代的杂志采访和一部纪录片。希特勒最后的亲戚居住在大不列颠和美洲，只是人们不敢去详细探查。光是想一想，希特勒的直系亲属还生活在我们之中，就足以让人感到一种不同寻常的颤栗。

为什么希特勒如此令人恐惧，但又吸引人？因为他被视为彻底的邪恶者，是某种野蛮的、怪物样的东西的人格化。他是那样的令人恐惧，以至于人们无法想象有着也许和希特勒具有相似面孔的他的血肉至亲存在。在一些视频网站上可以听到希特勒的声音片段，除了党会演讲，还有一些语调温和的谈话。令人觉得可怕的是，在人们预期一个精神变态的胡言乱语的地方，听到的却是一个相当正常的人的声音。

希特勒正常吗？

人们上千次地试图理解希特勒这个人类罪犯。大部分人都失败了。奥斯维辛成了德国人、犹太人、欧洲人，以至全世界人的精神创伤。对人类生命大规模的摧残，在希特勒的统治下达到了超越所有知识分子理解力的程度。希特勒曾上千次地被分析，但没有一个解释是令人满意的。其中最诚实的要数著名的希特勒传记作家约阿希姆·费斯特[2]了。

他承认，绝大多数试图解释希特勒的作

2　约阿希姆·费斯特（Joachim Fest, 1926—2006），德国著名历史学家、记者。

品，透露出更多的是关于其作者而非希特勒本人的信息，而且所有这些尝试不过证实了人类理性无法理解"希特勒"这种现象。以至于丘吉尔说，希特勒是个秘密，被迷一样的黑暗所包裹。但是，难道人们就必须因此放弃对希特勒的历史描述吗？难道人们只能引证说，不可理解的东西确实不能被理解吗？显然，这不可能是答案，否则希特勒就被阻挡在历史研究之外了，就像我的朋友和同事——历史学家拉尔夫·格奥尔格·罗伊特 (Ralf Georg Reuth) 所说："那样一来，所有历史学的基本原则都失效了。"

恰恰在英国，差不多三代人以来，对希特勒的解释是最多的。其中一个有趣的论点来自 A.J.P. 泰勒[3]，他认为，20 世纪初期，到处都充斥着反现代化、反理性并且颂扬暴力的思想，在英国也一样，然而只有德国人才如此严肃地对待这些思想。要是希特勒是个英国人，可能一切都不会这么糟糕。他写道："威廉·布莱克[4]跟

3　A. J. P. 泰勒（Alan John Percivale Taylor，1906—1990），英国历史学家。
4　威廉·布莱克（William Blake，1757—1827），英国诗人。

尼采一样，都写过反现代和颂扬暴力的东西，但不管是格莱斯顿[5]还是内维尔·张伯伦[6]，读完这些东西以后都觉得没有必要把自个儿和世界一起付之一炬。"有的分析说，希特勒的父亲在家里是个独裁的暴君，热衷于棍棒教育，这也算是理解希特勒其人的一种尝试。对希特勒的性生活有很多不同的观点，关于他那严重的、源于童年的性障碍有很多猜想。在希特勒还活着的时候，有关他患有隐睾症的流言就有一大堆，英国士兵还唱过这样的歌："希特勒只有一个蛋，另一个掉在歌剧院。"前些年又有个说法很流行，说希特勒是个受压抑的同性恋。"受压抑的"也许是整整那一代人，但在零下十度挤在战壕里取暖的男人是否是同性恋，应该由专家确定。在 20 世纪 20 年代，希特勒有个熟人名叫恩斯特·汉夫施登格 (Ernst Hanfstaengl)，是艺术品商店的继承人，1975 年死于慕尼黑。同样，他也曾在他的复仇"账本"里把希特勒描述为受压抑的、性无能的，"我确信无疑，他是

5　威廉·尤尔特·格莱斯顿（William Ewart Gladstone，1809—1898），1868—1894 年先后三次出任英国首相。

6　内维尔·张伯伦（Arthur Chamberlain，1869—1940），1937—1940 年任英国首相。

个性无能，是压抑的、靠手淫来解决的那一类人。"
蕾妮·丽芬施塔尔[7]和爱娃·布劳恩[8]对此肯定有不
同的感受。爱娃·布劳恩在她的——绝对没打算公
开的——札记（现存于华盛顿国家档案馆）里抱怨
说，希特勒总是只想着"那一件事儿"，并且有时
还"不满足"。而当希特勒与爱娃·布劳恩结合多年
之后，他重新和他的初恋取得了联系，就是那个前
面提到的咪咪。希特勒通过中间人告知咪咪，他很
乐意跟她来一段无需相互负责的恋爱。咪咪拒绝了
他。后来咪咪的第三任丈夫死于战争，希特勒让人
给她发了哀悼电报，还送了一百支红玫瑰。

上述这些东西难道没有跑题吗？没跑。人们
想从希特勒身上发现什么变态的、古怪的、非正常
的地方，所有这些尝试都是出于人们自我确证的需
要。要是希特勒不是
个变态，他就会跟我
们相似了，这可太危
险。然而这一点也是
罗尔德·达尔的故事
重点之一——希特

7 蕾妮·丽芬施塔尔（Leni Riefenstahl,
1902—2003），原名Helene Bertha Amalie，
德国女演员，纳粹德国著名导演，执导
《意志的胜利》和《奥林匹亚》，在电影史
上饱受争议。
8 爱娃·布劳恩（Eva Braun, 1912—1945），
希特勒的伴侣，1945年与希特勒一起自杀，
自杀前与希特勒结婚。

勒，一开始就是个小婴儿，而不是我们一厢情愿认为的什么异样的东西：来自地底深处，是邪恶的化身或者是外星人。希特勒就是个普普通通的人，跟我们一样。这才是真正的恐怖所在！

在我们继续挖掘这个——必须承认——有点敏感的话题之前，先来看看世界史上的另一个人物。在许多重要特征上，他与希特勒惊人地相似，但在历史评价上却得到了更好的待遇。

拿破仑，恶魔的原型

19世纪末就已经有很多关于拿破仑的书了，一个名叫阿尔伯特·伦布罗索的勤奋的意大利人试图给这些书编个目录。他才编到字母 B 就疯了！除了几个特立独行的作者——其中雅各布·布克哈特很是传奇，他把拿破仑描述成一个不择手段的牛皮大王——对拿破仑的评价大部分都是正面的。在拿破仑身上，黑格尔认为可以窥见人格化的世界精神。连歌德都对拿破仑印象深刻。然而，令人惊讶的是，在拿破仑身上最受推崇的根本特征，正是在希特勒身上最受诟病的。

比方说，这些推崇拿破仑的作品反复提及的主题之一，就是他所谓的"无羁的意志"，并且拿破仑把"不可能变为可能"的能力也广受传颂。但是不也正是这些品质让那个林茨地区海关官员的儿子（希特勒）与众不同的吗？拿破仑还跟希特勒一样，都把自己视为天赋使命之人。拿破仑是一个着迷于自己和自己的历史角色的极端自私者。还有强迫症、全能幻想，也是二者的共同之处。此外，他们二人都能够出于纯粹的自负就一下子牺牲掉几千条年轻的生命。1812 年初当拿破仑率领六十万军队向俄国进发时——一个跟希特勒的巴巴罗萨计划 9 类似的疯狂的征战——他自负地宣称，秋天就能班师回国。在俄国，出于安全的考虑，大多数人都请求拿破仑让他们给马匹钉上冬天用的防滑掌钉，以防撤军时行动缓慢。拿破仑拒绝了。1812 年 12 月，拿破仑大军里有五十多万年轻的欧洲士兵丧生，不是倒在了战场上，而是冻死饿死，

9 巴巴罗萨计划是"二战"中纳粹德国侵苏行动的代号，整场作战于 1941 年展开，后在莫斯科战役中受阻并最终失败。该计划开启了旷日持久的苏德战争。

只因为拿破仑出于自负拒绝给士兵们提供冬天的装备和给养。同样，当将军们再次劝说希特勒避免这场毫无意义的持久战，以免损失惨重时，据说希特勒说了这样一句话："年轻人就应该马革裹尸！"这句话也完全可能出自拿破仑之口。

　　事实上，拿破仑本来就是现代独裁者的原型。他也是第一位通过现代性的军事政变上台的；大规模的宣传和自我形象的导演也肇始于他；他也是首位把司法、警察和教会坚定地作为独裁的支柱来使用的人；还有他对自己的国民所抱有的公然的蔑视，这都让人想到希特勒。如果通读一遍《饭桌闲聊》中希特勒那些臭名昭著的言论——这书是由他的亲信走狗马丁·鲍曼[10]集结而成的，搜集了希特勒在晚餐时对他最忠实的仆从和女秘书们发表的言论——人们就能看到这样一个人，他憎恨的对象是整个世界，当然最终也包括德国和德国人。希特勒认为德国人无能，他也不信任德国人。他眼里只有他想象中的、由党卫军培育的精英，而对那些真正存在的德国

10　马丁·鲍曼（Martin Bormann，1900—1945），纳粹党党务部主任，希特勒的私人秘书和亲信。

人，有的只是蔑视。《饭桌闲聊》中有一处记载了希特勒不加掩饰地表达了这样的幻想：要是有一天发生了民众暴动，他打算以什么次序来处决那些民众。说到底，不管是拿破仑还是希特勒，都对自己的最终胜利深信不疑。在厄尔巴岛流放时，他还不把他的滑铁卢作为"滑铁卢"来感知，并且，他在备忘录里写道："在经历了布鲁塞尔之南的战役后，我对威灵顿将军麾下的联军颇感同情。尤其对伦敦居民来说，联军失败的消息肯定特别可怕。"一直到最后拿破仑都不愿意承认，事实上在面对德国、荷兰和英国联军时覆灭的是他的军队。这一点上，他也挺符合一个无视现实的暴君的形象。

为了想象一下怪物拿破仑的样子，也许最好的方法莫过于从对拿破仑众多的描写中抽出克莱门斯·冯·梅特涅的描写一看。梅特涅非常熟悉拿破仑，他本人是外交家，曾任奥匈帝国的外交大臣。"在所有普通的外国人中，没人比梅特涅见到大帝的次数多，也没人比他更理智地观察过大帝了。"雅各布·布克哈特曾这样赞许地写道。梅特涅自己则写道："我不仅经历和研究了最伟大光辉时刻的他，也经历和研究过失败没落时刻的他。"梅特涅的话当然是独一无二的好证据。他谈及拿破仑时充满敬意，认为拿破仑的"不同凡响的敏锐和思维的高度简洁"令他印象深刻。他说道："与他的交谈，对我而言始终有一种难以名状的魅力。他总是抓住本质的东西，而不管那些无用的套话……他讲话从不闲言碎语。他丰富的见解和雄辩，使他总能老练地接过话头，有一句他最常说的话就是'我明白您的想法。您希望达成这个或者那个目的，那么让我们来谈谈最关键的。'尽管如此，他也仔细听取别人的观点或者答复，他要么采纳，要么探讨或反驳，在非私人性的讨论时不会因为语气或礼貌而偏离主题。我本人从未因为向他表达真实看法而有过一丝的难堪，哪怕这些看法并不讨他喜欢。现实中也与谈话时一样，他对目标坚定不移，一旦什么想法被他视为细枝末节，并且可能是无足轻重的，那么他绝不会在此有半点停留。在达到目的的众多途径里，他乐意选最直接的那条，只要没什么令他改弦更张的事情发生，他就会锲而不舍，直至终点。不过他不是计划的奴隶，他知道何时应当放弃或者改变，如果他认为他的观点应当改变，或者新情况让他认为改弦易辙才更有利于达到目的。"

只说到这儿的话，拿破仑听起来还有点儿像安格拉·默克尔[11]或者凯·迪克曼[12]。

不过接下来就不一样了。梅特涅说，拿破仑自视为独一无二的个体，是造物主专为统治世界而预备的。他还谈到了拿破仑对科学的蔑视。令人奇怪的是，这个男人可是被呼唤科学的启蒙运动推上来的。然后他还提到拿破仑瞧不起自己的人民。法国人在拿破仑眼里都是缺乏教养的孩子（"他们追逐一切流行的东西，被虚荣心所导控，而且跟小孩一样，总得有个玩具在手。"），至于巴黎，拿破仑把它比作一座剧院，这里的观众情愿被骗。梅特涅还写了拿破仑在和女性、下属，也就是与几乎所有人交往时所表现出的刻毒，以及他的易怒和暴力倾向。在拿破仑权力的鼎盛期，连他最近的亲人也只能以鞠躬的姿势走近他。在梅特涅笔下，拿破

11　安格拉·默克尔（Angela Merkel, 1954—　），德国女政治家，从2005年至今担任德国总理。

12　凯·迪克曼（Kai Diekmann, 1964—　），德国媒体人，从2001年到2015年任德国发行量最大的报纸《图片报》的总编。

仑一心扩张自己的权力，他虽然会同情某个个人的
状况，但是对大众的苦难无动于衷。拿破仑当然不
是希特勒，因为我们不能把有组织的大屠杀强加给
他。不过他的疯狂本性已经赤裸裸地展现在了我
们面前。

从法律视角看历史上的邪恶

到底应不应当把拿破仑和希特勒相提并论呢？
严肃的历史学家不会如此。说到底，比较本来就是
毫无意义的。只是当我们面对希特勒这样规模的毁
灭能力时，真正的危险并不是这种比较会使希特勒
无害化，而是人们在希特勒主义中看到的只是完全
不同寻常的东西、独一无二的东西。希特勒可以
被看成是世界历史的一个偶然的脱轨者——约阿希
姆·费斯特这样的人
会这么说，汉娜·阿
伦特[13]这样的人会这
么说，戈洛·曼[14]这样
的人也会这么说——

13 汉娜·阿伦特（Hannah Arendt, 1906—
1975），美籍犹太裔政治理论家，原籍德国。
14 戈洛·曼（Golo Mann, 1909—1994），原
名 Angelus Gottfried Thomas Mann，历史学家、
出版家和作家。他是诺贝尔文学奖获得者、
著名文学家托马斯·曼的第三子。

尽管这种说法是很诱惑人的，但是一个巨大的自我
欺骗！因为它恰好提供了我们所需要的虚假的安全
感，让我们从此相信，这种无视人性、漠视生命的
错误不会再发生，个人和社会都不会再受其害，因
为希特勒只是个案。人们亟待与这种邪恶一刀两
断，这种渴望合乎情理，深植于人性之中。人类的
祖先就是这么干的，他们想出一套替代仪式，比方
说替罪的羔羊，或者受迫害的女巫。这种规避所有
邪恶的技术的现代版本是：人们倾向于给邪恶贴
上"病态"的标签。一旦发生了什么耸人听闻的罪
行，凶手很快就被描述成"疯狂的"。这样一来，
他就是跟我们保持安全距离的非正常人了。只是，
我们的自我保护机制却有意地忽略了这一点，即满
监狱都是跟你我一样的人，而且绝大多数的杀人罪
都是那些精神完全健康的正常人犯下的，大多是激
情犯罪。

把邪恶推给病态的要求有一个很丑陋的"家
谱"。19 世纪时，都
灵医生策萨勒·龙勃
罗梭 [15] 提出的观点非

15 策萨勒·龙勃罗梭（Cesare Lombroso，1835—1909），医生，法医学和精神病学教授，也是犯罪学实证学派的创始人。

常受欢迎。龙勃罗梭遍访意大利监狱，到处测量头盖骨，他深信暴力行为源于生理结构，根据外在的身体特征给犯罪者分类。后来这一研究结果被纳粹用来发展他们的种族理论。1968 年，人们在一个名叫理查德·斯佩克的美国连环杀手身上发现了一条多出来的 Y 染色体，当时科学界一片欢呼。后来证明，发现了一条"犯罪染色体"的断言为时过早。奥地利的莱因哈特·哈勒（Reinhard Haller）教授，最著名的法医精神病学家之一，负责过性犯罪凶手约瑟夫·弗里茨欧的案子，他曾说过："我们不能把邪恶归因于大脑结构。邪恶的发生除了普通人什么都不需要。"哈勒说，存在于我们每个人身上的邪恶在日常语言中有体现。我们会说"总有一天你会知道我是谁！"这话意味着，我们身上某些部分平时是克制着的，只是出于文明、教养，还有利己的考虑并没有被释放出来。

传奇的米尔格伦实验就是个例子，它让我们发现，庸碌无奇的普通人轻而易举就能变得残酷无情——只要这是实验规定要求的，只要这是有社会的或者严格的科学理由的。实验是这样的：一些大学生被要求进入一间监控室，隔着玻璃观察其他的被试者坐在桌前解答字谜。一旦被试者出错，这些大学生就需要通过一个小小的控制器对他们加以电击，小错误就被轻微电击，大错误就被强劲电击，并且电压将不断升高，直到产生强烈的疼痛感。当然电击只是模拟的，被试者的疼痛也都是表演出来的，不过这些大学生并不知情，事实上他们才是这个实验真正的测试对象。有三分之二的大学生服从了规定，对被试者施以暴力，尽管他们之间并没有仇恨。毕竟，这种攻击行为是规则要求的，也是人们希望他们做的。

在瑞典，直到 1975 年精神残障人士仍被强制绝育。在荷兰，人们曾相对冷静地讨论过，能否把花在给高龄病人维生上的钱，用来给年轻家庭实现买房安家的梦想。在妇产医院，还要通过所谓的筛查，挑出那些在遗传特征上有缺陷或健康风险的胎儿。每年都有数十万完全健康的胎儿在筛查中被处理掉。区分有价值的生命和无价值的生命的讨论，既不是纳粹思想所独有的，也不是仅仅成为历史，而今天不会再发生的。在西方世界里的种族区分被看成是科学的，远远不止是在纳粹时期。在美国，直到 20 世纪 60 年代都还在激烈争论着"白人优越性"的问题。1955 年，罗沙·帕克斯（Rosa Parks）因为在公交汽车上拒绝给一个白人让座而被判刑。而直到 1964 年肯尼迪被刺后，他的继任者林登·贝恩斯·约翰逊才取消了种族隔离。澳大利亚政府限制有色人种移民的"白色澳大利亚"政策则延续到 1973 年。

　　1933 年 1 月，就在希特勒攫取政权的最初几个星期，戈林的军警就涌入报社进行抓捕。德国法庭忠于职守，即刻进行干预，命令释放这些未经正式审判就被抓捕的人。但随后，1933 年 2 月 28 日起《紧急法令》[16] 生效，1933 年 3 月 24 日国会通过了《授权法》[17]。为了消除人们的正义伦理本能，

16　《紧急法令》即 1933 年 2 月 28 日希特勒颁布的《国家总统保护人民国家的法令》。这个法令废除了《魏玛宪法》中七项保证公民自由的条文。其中包括个人自由，对自由表达思想的权利（包括出版自由），对集会和结社的权利，对邮件、电报和电话等个人隐私的权利，对个人财产权保护的权利，对房屋搜查的许可限制等。

17　1933 年 3 月 24 日德国议会通过的《授权法》，正式名称是《解决人民和国家痛苦的法例》（Gesetz zur Behebung der Not von Volk und Reich）。法案允许总理阿道夫·希特勒和他的内阁通过任何法令，而不需要议会的同意。这是纳粹党进一步以"合法"的手段建立独裁政权。

这两项措施已经足够了。现在，残忍与恐怖已经获得政治、法律和社会的授权，一切正如米尔格伦实验中展示的那样。现在对某个普鲁士的司长、局长抑或某个警长来说已经没有了其他选择，只能继续做他们一直在做的事情——服从那个对法律说了算的人。"到底谁是希特勒？谁是希姆莱、海德里希、门格勒？谁又是那成千上万的刑讯逼供者，又是谁具体实施了所有这些大规模的暴行？"哈勒教授认为，从法律角度看这个问题只有一个答案，即每一个人都是施暴者。安德烈·施奇皮奥斯基（Andrzej Szczpiorski），萨克森豪森集中营的幸存者，曾经这样写道："在集中营里我认识了这样的人，他们在杀害别人方面勤劳且具有奉献精神。他们不为私利、尽职尽责、积极地告发身边的人。他们残忍且勤奋地拷问他人，同时他们能整天保持着模范级别的清洁和细致。"某个希特勒、某个拿破仑、或者某个扬·凡·莱顿、伊迪·阿明、波尔布特都不是反常的人。他们也不是例外。真正例外的是那些在所有人都同意施暴的情况下依旧挺身捍卫人之尊严的人。

所以，这里我们不排名，因为他们都是和我们一样的人（Homo Sapiens）；而是列出四个似乎也没那么糟糕的恶棍和四个其实远不像大众以为的那么"干净"的英雄，其目的在于破坏一下我们挑选替罪羊的乐趣。

所谓的恶棍

1. 匈奴王阿提拉（？—453 年）。伟大的贡布里希曾经这样描写那些来自亚洲草原的骑兵部落："小个子的黄种人，眼睛细长，脸上有疤。"5 世纪时，匈奴没有好名声，他们被看作是野蛮的同义词。在但丁笔下，匈奴王阿提拉在地狱的第七层里受煎熬。这不公平。阿提拉本人极有教养，他的随从中有说拉丁语的人。他努力理解所占领地区的文化，还娶了一位日耳曼的公主。可惜的是，新婚之夜他就去世了。在匈牙利他也很受尊重。

2. 英王理查三世（1452—1485 年）被认为是自莎士比亚时代以来暴君的典型。实际上理查三世可以说是个毫不起眼的国王。他的恶名是有目的的舆论导向的结果。在与金雀花家族[18]争夺王权的战争中，都铎家族[19]最终取胜。夺取政权后的都铎家族就开动宣传机器，尽可能地抹黑金雀花王朝。1593年莎士比亚写剧本的时候，理查三世已经死了快一百年了，那时理查的负面形象已经深入人心。莎士比亚从中取材，就此把理查的恶名永久固化了下来。

3. 尼科洛·马基雅维利（1469—1527年）。马基雅维利主义被认为是肆无忌惮的政治权术的代名词。事实上这挺荒谬的，因为马基雅维利本人可根本不是什么马基雅维利主义者。马基雅维利是位哲学家，甚至可以说是现代民主制度之父。作为政治理论家，他第一次指出矛盾和冲突对一个社会是有益的。他本是政治对话中的多元主义的创建者。

18 金雀花家族1154—1399年统治英格兰，史称金雀花王朝（House of Plantagenet），其王室家族是一个源于法国安茹的贵族。1399年理查二世逝世后，英格兰由该朝的两个分支族系——兰开斯特王朝和约克王朝先后统治，这两个王朝仍属于金雀花王朝的延续。理查三世是约克王朝的末代国王，也是金雀花王朝的最后一位国王。

19 都铎家族1485—1603年统治英格兰，史称都铎王朝（Tudor dynasty）。伯爵亨利·都铎于1485年8月，在法国的援助下杀死金雀花王朝最后一位国王理查三世，夺取王位，建立都铎王朝，史称亨利七世。

4. 殖民者埃尔南·科尔特斯（1485—1547 年）。西班牙对墨西哥的占领（1519—1521 年）被认为是欧洲"衬衣"上的污点。数百万当地人因此丧生，大多数死于从欧洲传入的疾病。不过，把他简单地看作恶劣的征服者也未免有失公允。他终结了用活人祭祀的传统，在许多当地部族的欢呼声中结束了阿茨肯特人[20]的统治，许多人甚至将他视作现代墨西哥之父。

有瑕疵的英雄

1. 奥尔良的约翰娜[21]（1412—1431 年）是位圣女，同时是欧洲的狂热民族主义的肇始人。她认为谁挑衅法国，谁就挑战了上帝本人！这是多么不可思议的傲慢与自大！很多人因为比这轻微得多的宗教邪说就被架到火堆上活活烧死。

20　阿茨肯特是一个存在于 14—16 世纪的墨西哥古文明，十分好战并有用活人祭祀的传统。

21　"奥尔良的约翰娜"是德语中对圣女贞德的称呼。

2. 弗里德里希大帝（1712—1786 年），柏拉图意义上的哲学王，这是对的。作为年仅 28 岁的年轻国王，他一上台就禁止刑讯、废除农奴制度、主张少数族群权利。不过，同年（1740年）他就挥师入侵相邻的西里西亚，向未有任何挑衅举动的友国奥地利宣战。终其一生，他从未想过哪怕一次，从哲学上为他发动的上述战争进行辩护。他成为一种全新的德国对外政策的奠基人。在他发兵西里西亚之后，伏尔泰与他决裂。

3. 圣雄甘地（1869—1948 年）。他一生中被十二次提名诺贝尔和平奖，最后一次是在他去世当年的 1948 年，可是从未得到过该奖。他到底配不配得上这样的一份奖项呢？毋庸置疑，配得上！然而像阿兰达蒂·洛伊[22]这样的左派积极分子也因甘地公开的保守主义深受困扰。甘地还把印度的种姓制度看作是一种古老而尊贵的传统。

4. 克劳斯·冯·施陶芬贝格（1907—1944 年）。在柏林为什么没有施陶芬贝格纪念碑？因为人们虽然敬佩这种暗杀独裁暴君的行为，却不愿意给施陶芬贝格本人这份光荣。施陶芬贝格的个人观点与现代联邦共和国的理念不契合，但是在布兰

22　阿兰达蒂·洛伊（Arundhati Roy, 1961—　）是一名用英语写作的印度作家。

登堡的一些地方，他的支持者却很多。在 1944 年 7 月 20 日政变后，他所设想的是一个更为集权的国家，而肯定不是今天的联邦共和国。

« A sprach iz a dialekt mit an armee un fl ot. »

— MAX WEINREICH, LINGUIST

« Die Ethik aber, wenn sie überhaupt etwas ist, ist übernatürlich; und unsere Worte drücken nur Tatsachen aus: Wie eine Teetasse, und wenn ich einen ganzen Krug über sie leerte, nur eine Teetasse voll Wasser fasst. »

— LUDWIG WITTGENSTEIN

『所谓通用语言，就是拥有军队和海军的方言。』

——马克斯·魏因赖希，语言学家

『伦理学——假设它是个什么东西的话——那它算是超自然的。而我们的语言仅仅表述事实：就好像一只茶杯，哪怕我给它倒一整罐水，它也只能接满一杯而已。』

——路德维希·维特根斯坦

看不见的军队
改变了世界的话语
Die Unsichtbare Armee
Worte, die die Welt verändert haben

有一个关于波斯国王大流士一世的有趣的故事。故事发生在公元前 500 年左右。著名的大流士一世派遣使者去见一个小邻国的君主奥罗特斯。使者见到奥罗特斯时，向他的秘书呈上一份加盖了王印的莎草纸文卷。在卫兵的保护下，奥罗特斯耐心地听着秘书的宣读。当秘书读到："波斯人！大王大流士禁止你们保护奥罗特斯。"卫兵随之将他们的长矛弃置在地。使者又递给秘书另一份文件，上面写着："波斯人！大王大流士命令你们杀死奥罗特斯！"这时卫兵们抽出短剑，刺死了他们的主人。

　　这个故事有多少真实性，倒也无关紧要。它出自希腊历史学家希罗多德笔下，希罗多德并不怎么在乎上述故事的准确性，他只是想借此告诉我们，不要低估语言的力量，尤其是书写下来的文字！还有另外一件次要的事实也值得留意，那就是在场的所有人都依赖秘书为他们宣读。很显然，在公元前的一千年里，不管是君主、使节还是官员，都没有阅读能力。那时有为阅读而存在的专家。至于这些字母以及从字母产生的言辞究竟是如何运转的，没人会去追问，那是个技术问题。就好像现代人虽然通电话，但一般情况下也不了解卫星技术以及通过卫星在太空中传播声音的工作原理一样。

在大多数历史书中，文字的发明都被描述成人类文化发展的一个转折点。这很容易理解。当早期的城市发展到一定规模后，一旦离开文字，其管理开支和物资供应开支都不能被准确地记录。但书写最初是"狭隘的"（容量不大）。诗人和思想家还必须等待很长时间，直到注音符号和字母允许他们不仅能够把具体的东西，还可以把所思的东西转化成文字。但书写在该阶段也无非是对话语的记录。为了能够正确评估文字的力量，为了能够理解为什么高度文明的崛起都有赖于文字的发明，人们必须先来看看话语本身的力量。其实真正的奇迹是言谈，也就是话语。我们也经常图方便地临时用"话语"来替代"言谈"。顺便提一下，维特根斯坦曾公开地表达过他怀疑语言之表达力的观点。维特根斯坦越坚持认为，人们无法用语言命名本质之物，他就越被"人们毕竟还是命名了它"的事实所吸引。就像他惊讶地站在既存的世界面前一样。1930年，他在剑桥大学授课时，曾这样讲道："和语言的边界作斗争的渴望催促着我，而且我认为这是所有试图书写或者谈论伦理和宗教的人的本能。这种对牢笼四壁的斗争是彻彻底底无望的。只要伦理学怀抱着言说生命最终的意义、至善以及绝对价值的愿望，那它就不可能是科学。伦理学所言说的，在任何意义上，都不会增加我们的知识，但它却是人类意识中渴望的见证。至于我，我除了尊重它别无选择，也没有任何嘲笑它的意思。"

言谈是如何开始的呢？发出声音（比方说当我们被轻挠或者享受按摩时所发出的惬意的"哼哼"声）去威胁、去警告（"小心老虎"），或者像我们的祖先那样借此来指示某个动物或植物，都还不能算是真正的言谈。当我们开始去命名那些并不在我们眼前的东西时，事情才变得有趣。从我们的祖先命名不在场的事物的那一刻起，从技术上讲，他们就启动了进化的涡轮发动机。一旦人们用语言去命名那些只能想象的东西，人们就可以对共同的现实达成一致，并借此创造新的现实。

文化哲学家托马斯·马修[1]曾是我在柏林多年的邻居，他有一个有趣的观点。他认为从公元前10000年开始的、绵延数千年的逐渐定居下来的进程，对人类命名不在场事物的能力起了促进作用。在这个过程中，人类的语言技巧和想象力也必然发生了飞跃。马修认为，当人类不再从山丘移向河流、从河流移往蛮荒、从蛮荒迁至草原时，结束了游牧的人类开始用（时间上的）垂直迁徙代替（空间上的）水平迁徙，即人类开始转义意义上的迁徙。人追问自己从哪儿来——从祖先那儿来？从死者那儿来？还是从未出生的人那儿来？人又在迁徙，不过这一次只在超验的意义上迁徙。

1 托马斯·马修（Thomas Macho, 1952— ），文化哲学家。

也许，我们看到的大肚子的孕妇陶像代表的不仅仅是人类祖先的生殖崇拜，而且代表着他们是在有意识地思考自己的起源问题。如果人对自己起源的思考突然不再拘泥于真实的空间，那么就会产生彻底的新东西。托马斯·马修说："直到今天，人类还借用我们出生时是垂直落地的（垂直抵达世界）这个事实来定义我们的身份认同。'我在哪儿出生的？'和'我什么时候出生的？'这两个问题在每个出生证明、每本护照上都有。这是最基本的信息，哪怕一个无国籍的人的或者一个难民的最简易的临时证件上也得注明。不是我如何在这世界上水平移动的问题（我作为空间中已有的生物），而是我垂直抵达世界的问题（我作为有祖先、有历史的人），决定着我的身份认同、我的家庭，也决定了我所归属的群体。"

在超验的意义上我们来自何处的问题属于那些无法用直接的、笨拙的面对面的交流，以及只能描述可见之物的词汇来详尽讨论的首要问题。那些提出这些问题的祖先需要一种能够将不可见之物展现在"灵魂之眼"前的语言。很快，我们的祖先需要中介人物，需要普罗米修斯-圣像，需要魔法师、预言家、神父，需要像吉尔伽美什国王一样能跨越神凡界限的人，这些人可以沟通"上方"的天国与"下方"的尘世。也许卡里斯玛 [2] 在我们的祖先那里已经至关重要，但同时这样或那样的迷醉可能也是起了作用的。在《人类为何选择定居》一书中，巴伐利亚的进化生物学家约瑟夫·H.莱希霍夫声称，发酵现象的发现对定居这个成功模式来说是一个决定性因素。为了能有计划地进行发酵（比方说，为了通过发酵获得生啤），人们不得不放弃漂泊，定居下来。用酒来体验迷醉，肯定也是一个很好地支持定居的理由。

已经有好多聪明人思考过话语对人类精神的影响，以及话语将想象变为现实的力量。我曾多次引用的以色列世界历史学家赫拉利仅仅用话语创造现实的这种能力来解释人类的崛起。对他来说，众神、文字、金钱、国家、股份公司、北约、欧盟等，也就是说差不多所有被我们作为既存事物接受的东西都

2　卡里斯玛指一类人的人格特征，他们拥有超人的魅力和领袖力量，能聚集许多追随者或信徒。

是这种能力的产物。在赫拉利看来，包括法律和惯例、协定和相互依赖关系在内的所有的人类文明都是建立在语言之上的集体想象力的结果。

现在是时候谈谈语言的历史了。单是希伯来语就值得专门写一章。希伯来语是一门为了创建身份认同、靠人力促成的语言[3]，是一门把话语本身规定为圣物的语言。希伯来语被创造出来的历程是独一无二的。借由这一历程，历史的演变、神的意志、历史的目的，都是可阅读的、可理解的、可设想的。这是离开奇迹思维而转向理性思维的一大步。要讲述语言的历史，就必须先探讨语言的形成和传播。例如在法国，很长的一段时期里，巴黎以外的地方几乎没有人说法语。在乡下，在外省，人们讲着布列塔尼语、加斯科涅语、各种各样的高卢罗曼语和列托罗曼语，还有西班

[3] 公元 70 年，犹太人被罗马人逐出家园流落到世界各地。他们使用寄居国的语言，致使希伯来语作为口语逐渐消失，但作为书面语继续存在，宗教仪式中也仍然使用。19 世纪后半叶，以艾利泽·本-耶胡达为首的一些犹太人发起了"希伯来语复兴"运动，将希伯来语重新应用于日常生活中的口语和书面交流，目的在于借由共同的语言来强化犹太民族的身份认同，以保证民族的延续和复兴。1922 年，由于拥有了广泛的母语者，希伯来语与英语和阿拉伯语并列，成为巴勒斯坦的官方语言之一。

牙语、德语和英语的方言。那时为了在全国范围内推行标准法语，并且尽可能地把地域性语言排除在官方用语之外（这让传统主义者很恼火），国家的强力干涉是必要的（至少 19 世纪末是这样的）。正是在这个意义上，伟大的依地语研究者马克斯·魏因赖希用依地语写道："A sprach iz a dialekt mit an armee un flot"（所谓通用语言，就是拥有军队和海军的方言）。为了推行一种语言，有时有目的的努力是必要的，有时甚至还要动用武力。

通用语一旦形成，就形成了一个相当有实力的集体。回顾一下"一个共同的语言是能用话语支配众人的前提"这个观点是值得的。早期的民族国家正是通过一种共同语言才可能得以建立。正如美国政治学家本尼迪克特·安德森在《想象的共同体》一书中所阐释的，如果没有语言上一体化的大众传媒的产生，19 世纪民族主义的崛起就无从想象。没有它们，那些在地域上分散的族群，永远不会被看作是一个相互关联的、拥有自己独特文化的共同体。比如，令全球化时代下的欧洲人不安的是害怕失去一种建构出的集体身份认同，还是害怕失去一个真实存在的独特文化？尤其是这样一个问题，那就是如果语言作为身份认同的要素失效了，它会对人类产生什么影响呢？因为在数字化的世界里，所有人表面上都或多或少说着共同的语言。原有的集体会因此消解吗，还是有新的集体因此诞生呢？一门在全球都能被理解的语言，是否就能将自由和人类尊严的思想传遍世界呢，还是虚假信息和思想垃圾将首先得到传播呢？0 和 1——借由电脑足以传递信息——就如同隐形的军队，不可阻挡。

路德制造的尴尬

语言的爆炸性力量是人类叙事的一个巨大的常量。在此我们不做冗长的理论探讨，只举两个具体的例子。两个例子都与路德有关，但一个路德是维滕贝格[4]的马丁·路德，另一个则是马丁·路德·金，他那预言性的"我有一个

4　维滕贝格，德国萨克森-安哈特州的小城，因路德居住于此并在此开始其宗教改革，一跃成为宗教史上重要的城市。19 世纪初官方更名为"路德城维滕贝格"。

梦"的演讲与山顶布道[5]一起，大概是人类历史上最著名的演讲了。

先来说说 1521 年 4 月 18 日那天，路德在沃姆斯帝国会议[6]上的亮相。故事背景：路德跟教会已经决裂。数月之前，他收到来自罗马的威胁性教谕要革除他的教籍，路德和他的追随者们便前往维滕贝格的城门，他们公开焚烧了包含教规的书籍，同时也焚烧了教谕。教会要求皇帝立刻拘捕这个放肆的——最近也比较知名的——奥古斯丁僧侣，并将他革除教籍。不过皇帝登基不久，因而只愿做出得到诸侯们和帝国各城市支持的决定。于是他下召要路德去参加沃姆斯帝国会议。可是路德被明确禁止替自己辩解，也不准他把神学辩论卷入会议。只有两个问题是鼓励他做出回应的，第一个是那些署有他名字的书籍是否真是他本人所著。第二个是他是否同意撤销书中的言论。

路德肯定已经考虑到自己可能在半路就会被捕，但他仍然

5　山顶布道，又译"登山训众"，是《新约·马太福音》中耶稣对众人的一段著名演说。

6　由神圣罗马皇帝查理五世在沃姆斯城召开，旨在与反对马丁·路德倡导的宗教改革及其教义。

动身前往沃姆斯。要知道在 1415 年，波西米亚的宗教改革先驱扬·胡斯（Jan Hus）就曾随身携带安全通行许可证前往康斯坦茨的教廷高级会议，途中被捕并最终被烧死在火刑柱上。不过路德还是安全抵达了沃姆斯。要理解路德的愤怒，我们可以把他看成伊冈·福利得尔[7]所说的"过渡性人物"："新与旧的奇特的熔合物就是……这样一种材料，古往今来每个革新者、改革家和复兴者都由这种材料组成，这种旧观念顽固地存在于每个革新者身上，可能正因为如此，它在他们身上才可以激发出如此炽热的、原发的仇恨，刺激他们能够将全部生命所积蓄的力量投入到消灭这种陈旧观念的战斗中去。……只有摩尼教徒奥古斯丁[8]可能成为教父，只有米拉波侯爵[9]才能推动法国大革命滚滚向前，也只有牧师之子尼采才可能成为一个反上帝者和非道德主义者。"

顺便提一下，路德并不算普通民众的朋友，也不能说他与

7 伊冈·福利得尔（Egon Friedell，1878—1938），奥地利记者、作家、文化哲学家。
8 奥古斯丁（Saint Aurelius Augustinus，354—430），古罗马帝国时期天主教思想家，被誉为"教会之父"。
9 米拉波侯爵（1749—1791），法国大革命时期的著名活动家，出身贵族，对法国旧制度大加抨击。

民主派相似，在农民战争中他可是坚定地站在官方一边的。甚至对于理性的崇高地位，以及在他那个时代深受推崇的理性主义，路德都持怀疑态度。但是他赞成与悠久的中介传统的决裂。他坚持认为人与上帝之间存在个人的、不需任何中介沟通的关系，唯一的凭借是人的良心，据此他取消了中介的作用。要知道中介的功用——尤其是在《旧约》里——可以说是人与上帝关系中的一个永恒存在。因此，尽管路德有着蔑视进步的天性，但是他依旧跻身于欧洲最伟大的革新者之列。路德的影响在于他的个人主义式的固执的胜利，在于大写的"自我"的胜利。他在沃姆斯讲话中那句传奇的话语（"我在此，我别无选择"）的意义，人们并不十分清楚，但它却是新时代的第一声呐喊，是对在那之前一成不变的等级制度和世界秩序的挑战！

　　尽管路德很坚决，但他的礼貌很讨人喜欢，这才使他的出场成为一场"史诗级"（我的孩子们也许会这个词）的事件。对于第一个问题谁是书籍的作者，第一天他只是轻言细语地回答了个"是我"。对于第二个问题（是否同意撤销书中的言论），他请求思考后再作回答。第二天，当他准备再次踏入帝国会议面见皇帝时，所有人都以为他的回答也会像头一天一样谦虚和恭顺。果然路德以敬畏的态度开口，语言打磨得不可能更仔细："最尊贵的、最威力无边的皇帝陛下，最尊贵的各位君主和仁慈的先生们……"，诸如此类。继而他礼貌地陈述道，他很难撤销所有他写的著作，毕竟书里都是不容置疑的信仰和真理。而把这一切公开撤回，只怕也不符合当局的利益。他的很多文章，连"反对者都不得不承认"，"是有益的、无害的，值得信基督教的人们一读"。

路德用这一招揭露了教廷高级会议提出的要求与教规相违背的事实。他辩解说："如果你们能具体证明，我在某处歪曲了基督的话语，那么我将很乐意收回该处所写，但我绝不会一次性撤回全部的东西。"路德很巧妙地将球踢到了反对者中间，他们原本打算全力防止在帝国会议上进行神学论辩。"我因此请求——通过上帝的仁慈——仁德的皇帝陛下，以及听我说话的一切人士，请你们给我证明，指出我的谬误，用先知和使徒的话来证明我错了。只要你们能使我折服，我就心悦诚服地收回我所有的错误，并且第一个把自己所写的书籍付之一炬。"这场演说必定使听众们当场惊呆。在他短暂的亮相即将收场的时候，路德再次"卑躬屈膝且恭顺地"请求"皇帝陛下"，不要容许别人对他"加以嫌恶"，除非他"被《圣经》中的文字或无可辩驳的理由所折服"。因为"我的良心绝不违背基督的话语。因而我不能也不愿撤销任何东西，因为违心行事是艰难的，是得不到救赎的和危险的。愿上帝保佑我，阿门！"

在这次轰动性的出场之后，路德得以作为自由人，同时作为民众和知识精英眼中的英雄（这两者集于一身，甚是罕见）全身而退。一直到当局从路德的演讲中回过神来，才颁布了一道诏书，宣布将他逮捕。这道诏书作为"沃姆斯诏书"载入史册。此时路德与天主教会的决裂已经十分清楚了。路德在艾森纳赫附近的瓦尔特堡的隐居，虽然不是自愿的，但在著述上却很多产。他化名为容克·约克，用通行易懂的德语翻译了《新约》，从此每个人都能读懂《圣经》了。同时他还统一了语言，剔除了方言中的特殊用法，最终促进了现代德语的诞生。路德不仅仅是自我意识文化的普罗米修斯，更重要的是，他还把一种全新的、世俗的成分引入宗教。他坚定不移地相信，任何人，在任何时间，无论他从事何种工作，都能够以神所喜爱的方式生活。通过这一点，他使日常生活，首先是劳动（无论在德语区、低地语区和英语区）成为神圣的东西。路德带到世界上的话语和思想改变了这个世界。很难再找到比这更好的证据来证明话语的影响力了。

除了像苏格拉底或者路德这样的辩护性演说之外，首先是预言性演说成了我们集体记忆的王冠明珠。其中一个演说绝对称得上是所有时代中最著名的，其标志性话语妇孺皆知，这就是马丁·路德·金 1963 年 8 月 28 日在华盛顿的林肯纪念堂前所作的演讲。超过 25 万人聚集于此，为争取那些美国宪法向每个人所保证的公民权利而示威。这是那年夏天不满情绪的高潮。马丁·路德·金是一名阿拉巴马州浸信会教堂的牧师。阿拉巴马州位于美国南部，该州深受种族主义影响，那里许多黑人劳工像牲畜一样被对待，但同时许多黑人也无望地把种族隔离和歧视当作现实来接受。1963 年 8 月，马丁·路德·金在美国许多大城市的演讲都受到了热烈欢呼。在洛杉矶他曾在三万人面前演讲，在底特律他的听众多达十二万人。当马丁·路德·金站在华盛顿的林肯纪念堂前，准备开始他一生中最伟大的演讲时，他 34 岁。

如果只是列举他雄辩的技巧，我们无法完全明了这次演讲的精髓，况且对技巧的研究已经有很多了。最重要的是要认识到，马丁·路德·金在演讲中的间接引用和文字游戏，不断让人想起林肯著名的葛底斯堡演说和公民人权的普适性。他聪明地把自己定位为一个爱国者而非叛逆者。他在面向全体国民说话，而不是仅仅针对他那些忠实的追随者。不过，他最大的绝招或许是向全体美国人传达了这样一种感觉，让他们觉得自己正在见证一个历史时刻，他暗示人们把握这一诱人的机遇：参与有历史影响力的决定的形成、亲自书写历史。当时他只有 8 分钟时间。他先简短描述了当时黑人的凄惨处境——种族隔离、贫困、歧视以及医疗匮乏等，接下来是一幅"一张没有兑现的支票"的图景，这本来也是他的演讲中计划好的最雄辩最核心的部分。谁料，倒是那段重复六次的"我有一个梦"的结束语却更加出名。

"就某种意义而言，今天我们是为了要求兑现诺言而汇集到我们国家的首都来的。我们共和国的缔造者草拟宪法和独立宣言的气壮山河的词句时，曾向每一个美国人许下了诺言，他们承诺所有人——不论白人还是黑人——都享有不可让渡的生存权、自由权和追求幸福权。

"就有色公民而论，美国显然没有实践她的诺言。美国没有履行这项神圣的义务，只是给黑人开了一张空头支票，支票上盖着'资金不足'的戳子后便退了回来。但是我们不相信正义的银行已经破产，我们不相信，在这个国家巨大的机会之库里已没有足够的储备。因此今天我们要求将支票兑现——这张支票将给予我们宝贵的自由和正义保障。"

而为了不显得太过于慷慨激昂，他又讲到具体细节："只要我们在外奔波而疲乏的身躯不能在公路

旁的汽车旅馆和城里的旅馆找到住宿之所，我们就
绝不会满足。只要黑人的基本活动范围只是从少数
民族聚居的小贫民区转移到大贫民区，我们就绝不
会满足。只要我们的孩子被'仅限白人'的标语剥
夺自我和尊严，我们就绝不会满足。"

紧接着就是那传奇的、预言般的六个"我有
一个梦"的排比。一开始就提及两个落后的联邦
州——佐治亚州和密西西比州，措辞简直是嘲弄，
继而又在对共同信仰的呼吁中达到高潮："我有一
个梦，从前奴隶的后嗣和奴隶主的后嗣，有一天，
可以在佐治亚洲红色的山峦上，平起平坐，兄弟相
称。我有一个梦，即如蒸发着热气的密西西比州、
蒸发着不平等的热气、蒸发着欺压者的热气，有一
天，将会转化为自由和正义的绿洲……"

演讲的最后是这样的："当我们容许自由响起，
响遍大村庄、小村落、每州每城，我们就会加速看
见那天的来临，所有上帝的儿女，白人黑人，犹太
人外邦人，基督徒天主教徒，都手牵着手，同声歌
唱那古老的黑人灵歌：'终于自由了！终于自由了！
感谢全能的上帝，我们终于自由了！'"原文是这样

的："Free at last! Free at last! Thank God Almighty, we are free at last!"

这次演讲的三周后，三 K 党的炸弹炸死了四个黑人女孩。白人极端分子把十五支甘油炸药藏匿在伯明翰市（阿拉巴马州）的一个浸信会教堂里。爆炸时教堂内正在举行一场青少年礼拜仪式。这四个女孩，爱迪·迈·科林斯（14 岁），卡萝·德尼斯·迈科奈尔（11 岁），卡萝尔·罗伯森（14 岁）和辛迪娅·韦斯利（14 岁），当场死亡。她们的身体被炸成碎块，人们只能凭衣物和饰品辨认出她们的身份。此外，身受重伤的还有二十名参加礼拜的人，其中许多都是孩子。五年之后，马丁·路德·金在孟菲斯市（田纳西州）遇刺身亡，但是他在华盛顿撒播到世界的话语是杀不死的。马丁·路德·金死后一年，种族隔离政策在美国被取消，当时的美国总统是林登·约翰逊。马丁·路德·金死后不到半个世纪，美国人民投票选举出了他们第一个黑人总统。[10]

10　即奥巴马，2008—2017 年任美国第44 任美国总统，是美国历史上第一位非裔黑人总统。

在此，为了展示

话语的强大的力量，我列举出世界史上最著名的十场演讲，不算前面提到的两场。作出这个选择当然难免专断，排序仍以时间先后为序：

1. 摩西的诀别演说。 发表于前往以色列的迁徙行将结束之际。摩西向他的人民发誓，自己与上帝有盟约，而他自己却不得踏入应许之地，在那之前他将死去。这是对他的惩罚吗？因为他一直以来偏爱利未一支？

2. 苏格拉底的辩词。 苏格拉底曾被控告诱导青年人，他辩词的煽动性在于放言自己对死亡毫不畏惧。为了嘲弄控告他的人，他吹嘘说，在他死后，他的灵魂将同荷马的英雄们交谈。最后以 280 票对 221 票的结果，苏格拉底被判处死刑。这次审判对雅典的民主制度（主要是多数表决制）来说，可不是一次很好的体现。

3. 亚历山大大帝的动员演说。 正如在其他章节提到的，因为带来了多次民族大屠杀，亚历山大大帝完全不适合被视作英雄。但是在公元前 335 年，继征服了波斯帝国之后，为了激励精疲力尽的士兵继续向亚洲的印度方向进发，他进行了这次传奇的演说。他明确告知每一个军官都有权撤退……但是却不忘说明，未来将有巨大的荣耀和财富等待着那些和他一起继续前进的人，止步不前的人，将难以忍受妒忌的煎熬。最后所有人都与他共同前进。

4. 西塞罗第一篇反喀提林演说。公元前 63 年，精明的参议员喀提林打算发起一场针对罗马共和国的政变，他鼓动两名参议员去刺杀他权柄显赫的连襟西塞罗。刺杀失败。后来西塞罗召开元老院会议，喀提林居然也来参会。轮到西塞罗演讲了，这次演讲奠定了他雄辩家的名声。最为著名的——并且无数次作为文体风格被模仿的——是他一系列雄辩的反问句。西塞罗最著名的开场质问就是："Quo usque tandem abutere, Catalina, patientia nostra?"即："还要多久，喀提林，你还要继续滥用我们的忍耐多久？"

5. 山顶布道。耶稣基督的布道，即所谓"八福"或者"登山宝训"，彻底扭转了世俗意义上的尊严、重要性和名人身份的标准："虚心的人有福了，因为天国是他们的。哀恸的人有福了，因为他们必得安慰。温柔的人有福了，因为他们必承受地土。饥渴慕义的人有福了，因为他们必得饱足。怜恤人的人有福了，因为他们必蒙怜恤……因为天国是他们的。"（太 5:3－10）于是一切都天翻地覆。

6. 丹东的辩词。 法王路易十六被行刑后，1793年1月21日，旺代省和其他一些地区发生了暴动。革命党人镇压了动乱，死亡人数不确定，估计大约为十万到二十五万。在由丹东和罗伯斯庇尔执掌的革命法庭的闪电式的审判中，仅 1793 年 12 月就有三千多人被判处死刑并执行。当丹东被指控犯有叛国罪时，首席检察官丹东自己终于坐到了被告席上。丹东非常清楚他的好运到头了。按照大革命的逻辑，他必须被处死。他的演讲旨在反思大革命的核心思想和这样一种理念，即人们能够按照自己的口味去完善这个世界："一个错误被犯下了，正如人类被创造出来。我们缺少了某种东西，我还无法为之命名……"而对人类原罪的相信，事实上就是对革命意识形态的背叛。

7. 西雅图酋长的受降演说。 美国西北部的杜瓦米希印第安人的首领，已经厌倦了争斗。他准备与从华盛顿赶来的州长签署协议，带领他的部族前往保

留区。在此之前，他发表的这个传奇的演说最终成
了一篇独一无二的、面对"白人"不可阻挡的推进
时的、梦想破灭后的宣言。说它传奇还有一层意思，
因为在演讲完七年之后才由一个听得懂杜瓦米希印
第安人语言的殖民者将其整理并发表出来："曾经有
一个时代，就像大风激荡的海浪覆盖着布满贝壳的
海床一样，我们的人民遍布这片土地。但是，那个时
代早已成为过去……我不想哀悼我们的衰败，我也不
想斥责那些加速了我们衰败的白人兄弟……为什么我
要哀悼我的人民的命运呢？一滴眼泪、一种精神、一
首歌谣还没有来得及出现，我们已经在满怀企慕地展
望未来。一个部族由个体组成，但作为整体它并不比
每一个个体多（重要）。人们来来去去像大海的波浪。"

8. 丘吉尔"热血、汗水和眼泪"的演说。1940
年 5 月 12 日，丘吉尔作为新首相在下议院的第一
次亮相是苦涩的。一心想跟希特勒和谈的前首相张
伯伦受到众人拥护。而张伯伦的继任者，这位来自
马尔博罗—斯宾塞家族的年轻贵族，面对的则是
议员们的不信任。荷兰、比利时和卢森堡已经在德
军的"闪电战"中沦陷，法国的军事失败也近在

眼前。丘吉尔在下议院直言不讳地驳斥针对他的敌意："我没有别的，只有热血、辛劳、眼泪和汗水！……你们问，英国的政策是什么？我告诉你们，那就是进行战争！在陆地上！在海洋上！在天空中！一场动用所有武力的战争，也动用上帝赐予我们的全部力量！我们的政策就是用战争对抗这种可怕的暴政，对抗这种超越人类历史上所有黑暗罪恶的暴行！这就是我们的政策！"

9. 甘地的"退出印度"演讲。1942 年 8 月 8 日，甘地在孟买全印度国会委员会发表的这个演讲，宣告了他对英国殖民统治者的非暴力不合作运动的开始："在监狱中我读过卡莱尔[11]关于法国大革命的书，潘迪特·贾瓦哈拉尔[12]也跟我讲过俄国大革命的事情。我深信，一旦革命靠武力进行，那它就违背了民主的理念。我心目中的民主当由非暴力带来，也最终带给每个人自由。"他的号召得到成千上万印度人的响应，罢工和抗议使整个国家瘫痪。五

11　托马斯·卡莱尔（Thomas Carlyle, 1795—1881 年），英国哲学家、评论家、历史学家、作家。著有《法国革命》一书。
12　潘迪特·贾瓦哈拉尔·尼赫鲁（Pandit Jawaharlal Nehru, 1889—1964 年），1947—1964 年任印度独立后第一任总理。

年之后，印度迎来了独立。

10. 罗纳德·里根在勃兰登堡门前的演讲。我的孩子们，那些土生土长的柏林人，他们完全不能想象，他们的城市（连同半个欧洲），曾经一度被高墙、铁丝网和枪炮分割成两半。1987年，里根站在柏林中心的这条分界线上，发表了这一演讲，并因此受到了嘲笑。高墙两侧的精英们都对世界的分割和数百万人的牢狱之灾报以认可的态度。里根用他的话语打破了这一共谋。两年之后，柏林墙成为历史。

« Von den allerletzten Geheimnissen der Welt werden selbst den höchsten Engeln immer noch neue Dinge off enbart, bis zum Tage des Gerichts. »

—THOMAS VON AQUIN

『即使最高的天使们也在不断领受有关世界的终极秘密的启示，直至审判日那一天。』

—— 托马斯·阿奎那

一切皆有所终……
为什么现在真的是关键时刻

Alles Hat Ein Ende …
Warum es jetzt wirklich um die Wurst geht

每一本还算严肃的历史书的结尾必有这么一句话：一切也都可能是另外一种样子，甚至一切本来都应该不同。有段时间，历史学家喜欢做这样的猜想，如果德国在 20 世纪初的关键几年里不是由古怪的威廉二世，而是由他那有着自由思想倾向的父亲统治，一切又将如何？弗里德里希三世，也就是威廉二世的父亲，现在只有少数人还知道他的名字，是一个温和聪明的自由主义者，他曾计划建立一个像英国一样的君主立宪制国家，他的妻子维多利亚公主，是维多利亚女王最喜欢的女儿，就来自英国。弗里德里希三世一生都在等待从他年老的父亲威廉一世那里继位，并在德国实施改革。1888 年，当他终于登上王座时，这位极富事业心的男人已经 56 岁了，并且身患癌症。99 天后他便去世了。修建得很漂亮的维多利亚和弗里德里希的陵墓就位于波茨坦的和平教堂，"和平"二字正好适合他们。继有改革意愿的弗里德里希三世之后的是他深受心理问题困扰的儿子威廉二世。威廉二世在"一战"期间被危言耸听的政治家、工业家和舆论煽动者所操纵。

如果这位在位 99 天的皇帝没有得癌症会怎么样呢？如果统治德国这么久的是他而不是威廉二世又将如何呢？德国会不会早就成为一个民主国家了呢？第一次世界大战是不是根本不会发生呢？那是不是也就不会有第二次世界大战了呢？还有一个问题也让人一想就心情愉悦，苏丹萨拉丁[1]（顺便提一下，他是库尔德裔），著名的耶路撒冷征服者，要是他在 12 世纪接受了狮心王理查[2] 的提议，让他的

[1] 萨拉丁（1138—1193 年），埃及阿尤布王朝的苏丹，1171—1193 年在位。
[2] 狮心王理查（Richard the Lionheart，1157—1199 年），是英格兰金雀花王朝的第二位国王，1189—1199 年在位，他也是诺曼底公爵，人称理查一世。

弟弟和英国国王的妹妹结婚，然后双方建立一个基督穆斯林王国，结束东西方令人厌烦的斗争，一切将会变成什么样子呢？还有，要是希特勒在幼年时候就像他之前所有的哥哥姐姐一样死了，一切会变成什么样子呢？但是，在柏林墙倒塌后不久，克里姆林宫的强硬派针对戈尔巴乔夫的政变如果成功的话，一切又会变成什么样子呢？要是波斯人当年战胜了希腊人又会怎样呢？要是罗马皇帝君士坦丁喜欢的是摩尼教而不是基督教，并且狄奥多西一世[3]在公元 380 年宣布摩尼教为国教又当如何？要是中世纪末期法兰克人没有在普瓦捷战役中战胜碾压一切的穆斯林呢？那我们如今是不是都在吃清真食品呢？我们的机场是不是都建成了北非摩尔人的风格呢？又或者根本就没有机场呢？

在历史书写上最大的误解之一，就是认定一切必定按它曾经发生的样子那样发生。公元 3—4世纪时，摩尼教远比基督教流行。巴比伦人摩尼（216—276 年）博爱又亲善的教义（即摩尼教）远播中国、横跨整个东方世界，向西一直抵达英国。摩尼教的天才之处在于它是一个自由主义的大杂烩，混杂着基督教的、东方的乃至佛教的元素。根据各自的出身、喜好和需求，人们既可以（在摩尼教中）建立一套自己的解释体系，又不会与其他人产生争端。摩尼教不排斥任何人，为众多的个人性的偏离留有空间，是和平的宗教。例如，从远东的灵魂轮回和重生信仰中，摩尼接受了不同的人处在大千世界各个不同的救赎阶段的理论。邪恶的、低等的，也都作为宇宙中既存的事物被容忍。处在最高层次的生灵必须摒弃所有尘世的（低等的）事物，为此摩尼教教义严格要求他们禁欲，即放弃肉食、酒和性。一句话，放弃一切享乐。而对广大民众的要求明显低得多。尽管摩尼教宣扬很高的道德理想，但这只适用于那些觉得自己受到了召唤的人，它不会以任何不切实际的义务去折磨普通信众。实际上最令人不可思议的是，尽管摩尼教适应性很强，并且也曾经短暂地取得过巨大的成功，但它最终却没有被普遍接受。

历史令人吃惊的地方其实在于：总是那些出

人意料的事情成了现实。G. K. 切斯特顿[4]有一次做了这样一个好玩儿的设想：鉴于与波斯旷日持久的战争，以及哥特人、斯基泰人带来的新危险，一个公元 570 年前后的拜占庭高级官员会有怎样的担忧呢？与此同时，远在他的生活半径之外，一个叫穆罕默德的男孩降生了。而穆罕默德在后来迅速扫除了所有这些令人担忧的东西。年轻的伊斯兰教取得了如此巨大的胜利，以至于在长达四百年的时间里，人们都认为伊斯兰教将永远主导世界，除此之外没有别的可能。而到了 18 世纪中期，备受全世界瞩目和妒忌的是法兰西王国，国王路易十六处于王国的中心。仅仅一代人之后，所有与之相关的人统统被斩首，他们留下的一切也被埋进了坟墓。20世纪 30 年代初，一个维也纳、汉堡或布达佩斯的富裕市民，其父辈或祖父辈若是有声望的国家公务员或者教授，如果你告诉他，有朝一日他会因为某种所谓的出身问题而被剥夺社会地位或者失去市民荣誉，他只会付之一笑。哲学家维特根斯坦的母亲，是维也

4　G. K. 切斯特顿（G. K. Chesterton，1874—1936 年），英国作家、文学评论家。

纳三个最富有、最有名望的家族之一的"女族长",
1935年曾亲自写信给柏林的戈林,问他种族隔离法
是什么胡扯的玩意儿,换句话说,纳粹是不是脑子
有病。对于一个祖父带着犹太血统的萨克森警察局
长,或者一个来自莱茵河流域佩戴骑士十字勋章的
人来说,自己无缘无故被捕的场景是不可设想的。
这正如一个生活在西非丛林的酋长,如果某天他突
然被不知道从哪里冒出来的、戴着彩色帽子、身穿
金属铠甲的男人们抓住,绑在铁链上,跨过大西
洋,运到世界的另一端并被强迫去采棉花,他无疑
也会觉得非常荒诞。

　　就像人们在布鲁克林所说的,"历史像一辆巴
士那样撞上你"(hit you like a bus)。你根本预料不
到这辆巴士是从哪个方向来的。又或者,像一位西
班牙政治家所说的那样,不安全的时代恰恰是最安
全的,因为你至少知道你想要什么。就像上面我们
已经断定的,我们并不能了解,巴士什么时候撞上
我们。最猛烈的变革往往是悄悄发生的。此时此刻
我们可能正身处世界历史上某个最重要的变革之
中,但我们对此毫无察觉。百年之后人们会说:

"从千年之交便初露端倪……"，但是当所谓的端倪开始出现时，我们正坐在露天酒吧，享受着十月的阳光，顺便查收一下邮件。以家庭或者国家政权为例，五百年前，只有精神病人和僧侣才没有家庭。一百年前，如果一个人独自生活，会被视为怪物，会引人猜疑。但如今，大城市里三分之一的人口都是单身。国家为人民提供全民健康保险，并且构建安全保障体系，至少在中欧是这样，而过去人们只能依赖一个家庭内部的安全保障。那么国家的命运呢？人们最后一次听到它们的强大威名、它们最后一次作为历史的重要行动者树立在那里，是在冷战期间。在现代世界里，如果说这种国家的意义事实上还存在的话，那么它也已经大打折扣了。边界也已被证实只不过是个抽象概念。也许百年以后，人们回顾历史，会把国家的解体或者家庭的消亡视为人类最大的革命。另一方面，单单是人们有能力做出预测这一事实，就证明了所预测之事有可能会发生，但同时也证明了事情的发展可能正好偏离这一预测。

同样可以设想的是，一个开放社会本身会将自己引向荒谬，因为开放社会秉持彻底的自由主义，这使它再也无法阻止自己内部的敌人。但另一种情形也是可设想的，在未来的某个时候，也许民主能够取得成功，真正地保卫自己，所有不能与民主达成共识的人都将被排除。所有的敌人、妖魔或暴民，所有的同性恋、仇恨者和狂热分子都会被关在门外。最终，善良意愿的人们被留了下来，共识取得统治地位。但问题是，这不符合我们的价值观。一个穷尽一切手段都要达成共识的社会，在深层次上是非欧洲的。摩擦和持续的精神上的焦虑在我们的 DNA 中。人们常常混淆自由主义和多元主义。多元主义与严格的自由主义相比，最关键的差异是多元主义内含这样的洞见，即对于道德和政治问题并不存在最终的答案，或者说，它有一些不同的答案。一个多元化的社会必须能容忍互不兼容的观点，这也要求它能够宽容自由主义的敌人，无论这有多难。

　　两百多年前，托克维尔[5]在评价新成立的美利坚合众国时，描述过隔离如何以一种非官方的形式发生——即

5　阿历克西·德·托克维尔（Alexis de Tocqueville，1805—1859 年），法国历史学家、政治家。

在把异见者视为蠢货方面达成默契。他证明了这种做法的核心是不民主的。在美国，关于建国的神话有这样一个笑话，为什么长老会教徒从英国逃到了美国？为了能够贯彻他们的自由信仰，同时强迫别人照此行事……假设我们把某些人看作白痴（idiot，也就是字面意义上的"边缘人"），只是由于他们不认同自由论者享乐式的生活规划，那这根本就不是自由主义，因为这必然会走向空洞的、教条的自由主义，并终将自我灭亡。如果一个人想捍卫自由，那他应该从捍卫那些最让人厌烦的人的自由开始。严格说来，自由主义除了通过它生活方式的纯粹的吸引力来宣传自己外，别无他途。一旦它开始像其他意识形态一样，通过对人的改造教化来抬高自我，或者通过唯一有效性的要求来同化它的反对者，那它就不是自由主义了。

在所有这些关于公正或不公正的政治意识形态的后面，在所有这些"如果不是这样或那样的话，历史又会如何进行……"的猜想的后面，在所有这些未来愿景的后面，在所有这些为建立一个更适合生存的世界而做出的努力的后面，都存在着这样一个假设：历史有其意义和目标，历史是可解释的。我在本书中对历史人物和事件的处理也都以该假设为前提。但历史真的是这样吗？人们真的能够解释历史吗？比方说这本书能解释历史吗？历史书的最后一章能对历史盖棺论定吗？把世界历史的本质用某种公式总结出来，这真的可能吗？人们可能会像雅斯贝斯那样说："我们历史的新形势是人类真正地关联在了一起。"世界的某个地方发生了某个重大事件，对其他地方的人毫无影响，这种可能性再也不会有了。赫拉利也有类似的表述。三千年前世界各地散落着五十万个"细小"的文化，按赫拉利的说法，我们在"果壳"里的故事是这样的：从完全相互独立的微小文化发展成网络化、全球化的世界。首先美洲变成了欧洲，然后非洲变成了欧洲，然后全世界都变成了欧洲。每个机场、每个酒店、每条购物街看起来都是一样的，如今世界上再也没有独立于全球化的地方。人们可以把历史解读为世界的欧洲化，解读为一个巨大的、全球范围内的文明进程。

但是那些（没有被欧洲化的）空白之处呢？比

如帕尔米拉？这个世界上曾经最富有、最文明的地方之一，却被野蛮人几乎夷为平地。大马士革呢？在古希腊罗马时代晚期它曾是哲学的世界中心。今天呢？我们喜欢忘记，世界曾在某些时候比今天更加全球化和文化多元化。那时候，罗马皇帝可以是个城市的上层人，也可以是个非洲人，或者是个罗马化的"巴尔干来的野蛮人"。我们的时代非常注重多元文化，但我们却忘记了在我们之前的文化比现在的更加异质、更加丰富多彩。总有一些东西看起来和整个地球成长为世界大家庭的故事不相融合。赋予历史一条发展脉络总是一件很有吸引力的事情，比方说"全球化"。历史大致还是有那么点符合这个概念的。不过，人们必须记住，想把我们不能完全理解的事情理出头绪，永远是一个勇敢但同时也是绝望的尝试。假设人们可以解释历史的种种细节，不会遗漏任何一个疑问，那这样的历史又是什么样子的呢？只要人们认识到自己视角的局限性，那么根据合规则性阐释历史就绝对是允许的，因为这也符合人类对秩序的需求。

比如著名的美国经济学家彼得·伯恩斯坦有一

个有趣的"果壳解释论",他说人类的故事可以被解读为一种对人类有危险的东西的清除活动。在人类的第一个阶段,人类受制于未知的自然力量,必须拼尽全力去生存。那时我们过着充满危险但丰富多彩的生活。然后我们学会了提前打算、衡量和预计风险。伯恩斯坦说,自从开始估量风险,我们就开始了现代的生活。他说,数学和统计学的定律已经使我们能够打破世界的硬壳。如今我们打开冰箱就有食物,生活在空调房里,但也被我们的义务牢牢捆住。冒险只存在于虚拟世界中,生活中的风险已经被大大降低。这个突破就是 17 世纪中叶帕斯卡尔的概率论。我们的贸易、银行系统、保险系统、医疗系统和养老系统都是基于概率论的。自 17 世纪以来,我们精细地进行风险管理,以至于我们现在安全地徜徉在一个曾经充满敌意、受灾难掌控的世界。这套理论有其正确之处。以前我们大多数的祖先无法在夜晚安然入睡,两代人之前的欧洲还几乎每隔三十年就有一次战争。如今我们抱怨的却是火车又晚点了几分钟,或者飞机上没有足够的空间伸腿。因此当舒适的生活被打破,或者在面对灾难或恐怖袭击时，我们会感到更加震惊。然后我们会尽快找到简单的解决办法，这个办法只有一丁点帮助，却加剧了我们控制世界的错觉。不被历史打扰的愿望和有权过稳定生活的信仰，两者都广为传播。但事实并没有改变，上述的愿望和信仰只是一个错觉。

所有想要诠释世界的尝试都有一个共同点，他们给了世界一个意义。就在人们叙述历史的那一刻，意义就给出了，因为作为人我们看重意义。当然人们可以拒绝从人类中心主义的角度来讲述，甚至可以完全不考虑人类（或者把人类看作是麻烦制造者），那这样的话，人们就得把一切都看作历史了。曾经发生过的一切，不管是落下一块石头一颗雨滴，都同等重要。这样一来，历史就完全无法讲述、也毫无意义了。据此，我们终于可以面对历史书写的初衷，用专业术语来讲就是历史哲学。对于每个真正对历史感兴趣的人来说，历史哲学是唯一真正有趣的学科。历史如何具体地发展是完全次要的问题，重要的仅仅是：这一切究竟往哪儿去？归根结底这是一个神学问题。这很好，因为对终极事物的追问即使是在一本很浅显的世界史纲要里也不应该缺失。那么，我们自己属于历史里人们可以不断讲述和理解的那一部分吗（至少在回顾的意义上）？我们所属的这段历史有始有终吗？本质上历史是有限的吗？历史有目的吗？所有对历史感兴趣的人都会不断探究历史的目的和终结问题。

明斯特大学哲学人类学教授约瑟夫·皮埃尔说过，每一个在言谈中使用"已经""还"这些时间副词的人（比如"希腊人已经能够……""古人还知道……"），都在赋予历史某个发展方向、某种目的以及某个最终状态（这个状态要么是完美的，要么是一个灾难）。古希腊人对历史的思考却和我们现在不一样。亚里士多德可能认为历史就像大自然那样，是一个无限重复的循环。在印度文化中也有循环的思想，我们眼中不断流逝的时间对印度人来说是陌生的。古埃及人也根本没有已经逝去和将要到来的概念，他们的木乃伊和关于冥界的传说都很好地证明了这一点。历史不断发展、一切有始有终、万物都有发展方向，这种理念在最深处是犹太教的，据此也是基督教的，据此也是欧洲的。

自古代晚期和中世纪以来，对历史目的的思考与猜想是欧洲传统的固定组成部分。从奥古斯丁经托马斯·阿奎那到卡尔·马克思都属于这个传统。我们没有其他选择。从我们的语言也可以看出来，拉丁语"finis"，法语"fin"，意大利语"fine"，英语"finish"——以及程度上稍微弱一些的德语单词"ende"，除了"终结"外，同时都有"目的"的意思。可能在我们的思维里，凡"终结"都是"目的"。同样有趣的是，我们的想象力并不能想象目标的彼岸是什么样的。尽管我们可以表达"历史的终结"这个概念，但并不能理解它的意义。"终结"和"终结以后"仅从字面上讲，我们也都无法设想，因为它们的尽头是"无"，我们无法设想"无"，我们缺乏对此的理解力。人类能够想象的只是摧毁。但是哪怕是彻底摧毁，总还是能剩下点残渣粉末。靠人类自己的力量，约瑟夫·皮埃尔所谓的彻底的"湮没"，即从存在逆行至虚无，既是无法实施的，也是无法想象的。这好像是对造物行为的颠倒，但吊诡的是，这种思想是以造物行为作前提的。相信历史有终结——就是相信"无"的存在——和相信上帝是一致的，因为存在和虚无之间的差异是以创造行为作前提的。这也就是为什么很多物理学家觉得要想彻底排除某个更高的、智慧的力量是非常困难的。每个物理学家都知道，不仅仅是地球和太阳，整个宇宙都是有终点的。我们甚至可以精确地算出，太阳在五十亿年后会膨胀到足以把地球上的一切生命烧死。往后再过五十亿年，太阳会收缩、冷却，然后会像宇宙自己一样，走向一个可以测算的终点。关于终结有不同的观点，现在最流行的理论是"宇宙大冻结"。根据这个理论，宇宙最后会膨胀到如此稀薄，以至于会接近绝对零度并冻结，经历"大撕裂"和"大挤压"后，宇宙最终将会坍缩。

这些对历史终结的思考，是有导向目的的吗？对于终结，人们可以说出一些有意义的话吗？对于终结，我们没有任何可供依赖的经验。中世纪西方的历史书写者（无论是奥古斯丁、哈维伯格的安瑟伦、弗莱辛的大主教奥托还是诺斯特拉达姆士）都认为，在末日之前会有一场决战。根据基督教的解释，在世界末日之后耶稣会归来，天国会到来，它被视作一种巨大的补偿，一种对被世俗权力迫害而牺牲的人的救赎。"他叫有权柄的失位，叫卑贱的升高，叫饥饿的得饱美食，叫富足的空手回去……"（路1：52-53）*对于欧洲来说，"历史有一个圆满的结局、有一个目的"的设想，在大部分时间里，是不言而喻的。基督教把历史终结的思想通过文艺复兴传给了启蒙运动。启蒙运动终于摆脱了这种由上帝为凡人规划命运的信仰，取而代之的是对人类不断进步的信仰，因为理性取得了越来越高的统治地位。

18世纪下半叶最成功的书籍之一是瑞士人艾萨克·伊西林所著的《论人类的历史》，这本书的基本论点是，黄金时代不在过去，而在未来。不久后，席勒在他的诗歌《欢乐颂》中也用韵文表达了这一思想——"四海之内皆兄弟"，诸如此类。费希特"人类永恒的进步"的思想、康德"真实文化"以及"永久和平"的国家的梦想、美国总统罗斯福和英国首相丘吉尔基于他们共同的政治原则而签订的大西洋宪

---

* 什么时候呢？耶稣同时代的人已经认为快到来了。根据基督教的某些解释，我们早已生活在世界末日的预言之中。

章（"所有人在一生中、在任何国家都可以过上没有恐惧和匮乏的生活……"），所有这些都是西方遗产的一部分。启蒙运动乐观的进步主义是基于西方基督教末世论的。

按照基督教的思维方式，类似人间天堂的状态是反基督者的错觉。反基督者的统治是可怕的末日战争的前奏。根据基督教的叙事，到了所有时代终结的时刻，人类自由和尊严的保卫者将只是受压迫的少数人。

这些末日的场景是迷信的胡言乱语吗？人类解开最终的谜底仅仅是时间的问题吗？是不是每个疑难都会有某种技术上的解答？假设生命科学在未来的某个时候揭示了一切造物的秘密呢？是不是那样的话，曾经被当作信仰的一切，都会被揭穿而沦为迷信了呢？另一方面，我们已经知道什么呢？直到现在我们对"空间是弯曲的和波动的"都没有丝毫直觉。或许平行宇宙是存在的，那里有着和我们这里不同的事物和物理规律。说不定不知道什么时候，我们会发现，在严格的科学意义上甚至都不存在一个所谓的"我"。我们只是空间里挤在一起的基本粒子，在存在和不存在之间摇摆。所谓的"盖亚假说"则早就声称，个体的"我"被高估了，我们所有人不过是地球这个巨型有机体的细胞而已。我们的存在，无论是个体还是集体，在所有可能宇宙的广阔空间里，是无足轻重的吧？也许是吧。但是这样一来，合乎逻辑的结论似乎就是，核战争也是无所谓的，酷刑、饥荒和爱都成了无所谓的了。

　　我的一个女性朋友，玛丽亚·埃丝特·玛格丽丝在她青年时代的回忆录[*]里有一段很妙的文字，描写了她在一次自己父母的晚宴上碰巧坐在了一位男士身边，这个男士聪明又自信地谈起了在科学之光下，人类是无足轻重的、毫无意义的。"他旁边坐着他的妻子，她骄傲地微笑着，带着喝过红酒后的兴奋，但并没有理解她丈夫刚才说的话。我的心跳到了嗓子眼儿，我咽了一下口水，问他，'您真的爱您的妻子吗？'饭桌上刀叉的碰撞声戛然而止。他看了他妻子一眼，然后所有人都笑了。我接着说，'我可不相信您，您证明不了，您只能说她有某种气味吸引了您，您的忠诚也只是

* 玛丽亚·埃丝特·玛格丽丝，《上帝不需要我》，Rowohlt，2012。

出于社会的约束或者自身的利益，因为您需要家庭的温暖、因为她为您养育了后代。如果我是您妻子的话，我会非常难过。'"埃丝特为此还跟自己的父母发生了不愉快，但是她说的当然是对的。

我们的存在不是毫无意义的，爱不仅仅是大脑里的化学反应，人世间存在善与恶，人类的产生不是一场生物事故，人类的历史是有意义的，我们归属于某个有意义的系统。如果我们对以上这些不抱希望的话，那我们根本无法生活。除非，人是莎士比亚笔下的怪物麦克白。麦克白临死的时候，莎士比亚给他安排了这样的台词："人生不过是一个行走的影子，一个在舞台上指手画脚的笨拙的演员，登场片刻，便在无声无息中悄然退下；它是一个愚人所讲的故事，充满着喧哗和骚动，却找不到一点意义。"换句话说，生活是白痴讲的童话故事，想干什么就滚去干什么吧，没人管你的屁事。这个结论对一个喜爱思考的人来说肯定不够。相反当人们长久地审视自己时（苏格拉底就声称，最深奥的知识存在于我们每个人内心，只要我们一直挖掘下去），就会发现善恶之分的存在也没有那么不合理。

对我而言，事实很清楚，人类只是发现了善，而不是发明了善。善是超越恶的，这在直觉上很清楚；同样，忠诚比背叛更伟大，帮助比谋杀更正义。如果人们仔细思考了这一点，就会清楚，自由是一个很大的礼物，同时也是一个很大的负担。也许正是这种选择善或恶的自由，使得人类与其他动物区分开来。这样一来，恶，连同历史上存在过的邪恶，都是我们为自由所付出的代价。相信善恶有别的人，也会相信世界终有意义。谁相信，谁就会心怀希望，就会肯定这个世界，包括这个世界的不完美，因为是这个不完美的世界让我们面临善与恶的选择，让我们面对选择的自由。这同时也意味着，接受现实、接受世界的苦痛，同时不断尝试去改善。但是人们也应该不断地重新意识到，这一切不过是提供有限帮助的措施而已。

也许人们还是可以用一句话来总结历史的。奥古斯丁，西方文化最重要的思想家之一，曾做过这种尝试。我打算让他来总结陈词。顺便提一下，他生于北非，在今天，如果他想合法地入境欧洲，也许会遇到麻烦，好在——我之前也提过——那时

的世界更加国际化。无所谓啦！总之，奥古斯丁把
世界历史视为两种形式的"爱"之间的斗争。这两
种"爱"是：爱自己——在极端情况下导致世界的
毁灭；爱他人——在极端情况下导致自我牺牲。据
此，每一次人类的进步都是人类最原始的"爱自
己"的后果，这同时也是结束的征兆。想理解这一
点，人们不必像奥古斯丁一样信仰虔诚，只要看看
人类对地球造成的影响就足够了。

« Ausführlich zu schildern, was sich niemals ereignet hat, ist nicht nur die Aufgabe des Geschichtsschreibers, sondern auch das unveräußerliche Recht jedes wirklichen Kulturmenschen. »

— OSCAR WILDE

『详细地叙述从未发生
过的事，不仅是历史
学家的使命，而且是
每个真正的文化人不
可放弃的权利。

—— 奥斯卡·王尔德

后记:
世界史中最顽固的误解

Nachschlag
Die hartnäckigsten Irrtümer der Weltgeschichte

11

这本书已接近尾声。你现在变得更聪明了吗?当然没有。但这并不是令人不安的理由。我们了解得越多,就越明白自己原本知道得很少。这很正常。这源于事物的本性。在每一扇打开的门背后,我们会发现还有三扇未打开的门。一位来自魏玛的先生很好地表达了这种进退两难的绝望。这是《浮士德》中浮士德出场时的独白:

> 唉!我已把哲学、
>
> 医学和法律,
>
> 可惜还有神学,都彻底地发奋攻读。

到头来我还是个可怜的愚人，

并不比从前聪明进步。

我确是博士和教授，

十年来，我上下求索，

牵着学生们的鼻子绕来绕去，却找不到出路。

终于明白，我们并不能知道什么。

这简直要把我的心烧个焦透。

如果人们对科学十分依顺，并且具有德国人的执着，（也就是说将这两种浮士德所代表的特质融合在一起），那么知识的局限性就会让人感到内心焦躁。普通的人却满足于知识是不完善的这种状况。作为一家大型德国日报的编辑，当我置身于同行朋友中时，我将我工作的行业亲切地称作"信息幻想工业"。一份报纸，如同一本这样的书，给人们一种好的感觉：那些重要的知识可以被存放得清楚明白。令人惊讶的是每天发生的重要的事正好都可以登上报纸……当人们"读完"一份报纸，合上一本书或将它放到一边时，可能感到获得了信息。在会被信息流淹死的日子里，这首先是令人满意的。但是总还留存有这样的意识，我们的知识只触碰到真理的表面。启蒙运动时期的百科全书派或许深信，可以用 71818 个条目将人类文明的全部知识记录进 18000 页的书里。人们说，维多利亚时代的作家托马斯·卡莱尔读了他那个时代所有的书。今天谁还能这样声称呢？估计每分钟上线的信息比过去一万年里书写下的历史还要多。可供支配的信息量无尽增长。今天人们对某人说："你掌握的信息可真多啊！"这有点儿类似于，有人从海洋中浮出来，人们对他说："天哪！你身上都湿了！"曾任美国国防部长的唐纳德·拉姆斯菲尔德在被问及可能爆发的第三次海湾战争中的不可预计性时，有一个很妙的回答："存在众所周知的确定性：有些东西，我们知道我们知道。我们也知道，存在众所周知的不确定性，这意味着，我们知道，有些东西我们不知道。但是也存在众所周知的不确定性：有些东西，我们甚至不知道我们不知道。"原话更有诗意："There are known knowns; there are things we know we know. We also know there are known unknowns; that is to say we know there are some things we do not know. But there are also unknown unknowns there are things we do not know we don't know."

因此我们必须满足于知识的局限性。所幸的是还有一些东西是常识性的。但还有个小问题：即使这些常识性的东西严格地说也常常是苍白的、无意义的东西，或者至多是半个真理。珠穆朗玛峰是世界最高峰。希特勒是素食者。詹姆斯·邦德最喜爱的饮料是干马丁尼。可惜这些都错了。夏威夷岛上的莫纳克亚山，如果从海底开始测量，它比珠峰高。希特勒爱吃小香肠，由于健康原因才不得不暂时放弃肉食。在伊恩·弗莱明的所有小说中邦德喝了 101 杯威士忌，但只喝了 19 杯干马丁尼。信息工业的持续发展渐渐成为人的负担，因为虽然我们能获得几乎是无穷无尽的数据资料和信息，但这些东西的真正来源却越来越难弄清楚。资源在社会网络中被分享，人们无法再说清楚它们最初来自哪里。曾经有一段时间，在每个还算热衷教育的家庭中都有一部百科全书。今天有了"互联网"，在网上人们能找到任意领域的牛津大学的研究，同样也能找到最精彩的和最粗制滥造的阴谋论。只要人们停留在信息海洋中的时间足够久，英国女王便突然不再只是 16 个国家的总元首，而可能还是摩萨德的女间谍、一个外星生物或者一个人形的爬行动物，而纳粹的大屠杀则成了虚构的。

在我们对这个时代的信息泛滥有理有据地抱怨时，也许正是澄清一件事情的好时机：所有这一切并不只是我们数字化信息时代的现象。我们向来是知道得太多同时又知道得太少。这是人类进退两难的部分（也许甚至是新征途的出发点）。和被亚当夏娃偷吃果子的那棵树相似的树叫什么？如果没有想知道得更多的欲望，没有想研究现实并由此让我们的生活变得更可承受的欲望，那么我们大家可能还无辜地坐在伊甸园里。至少我们很可能与生活在树上的猴子们没有什么区别。对知识的渴求是人类的原始欲望，并且同样是不幸的根源，因为我们从不满足于自己已经拥有的和知道的东西。

最聪明的做法，就是承认自己的知识有空白处。这有时需要勇气。我们中的每个人都熟悉这种情况：无论是被认为更酷、更聪明或更有教养的人，无论是学前班的小孩、剑桥的博士生，还是保险集团的成员，他们都有合群的需求，都想是"其中的一分子"，不想被排挤在外。我们每个人都这样。在学校里是这样的："昨天你看了《辛普森一家》的新续集吗？"然后是："你知道莫言的新书吗？"——"当……然啊！"即使一点也不了解你对面的人所说的，你仍会握紧手中那杯葡萄酒，万事通般地点头。你听说过伟大的人类学家阿什利·蒙塔古的书《越活越年轻》吗（你发觉没有，我正在这样对你！你当然没有听说过这本书！）？蒙塔古生活在普林斯顿（爱因斯坦生活过的城市），直至 1999 年去世。他曾是知名的人类学家及教育家，主要因其在儿童发展心理学领域的出版物而闻名。他的一个观点是：对知识的渴求是人类最基本的本能之一，并与我们的生存本能休戚相关。当我们还是哺乳期的婴儿时，我们就依赖于通过眼神交流（也正是通过这种视觉试探）来从给我们哺乳的人那里找寻信息，以满足我们的需求。蒙塔古认为，这种对信息的饥渴永远不会停止，而且是所有这些天真问题"为什么，爸爸……为什么，妈妈……"背后的驱动力。根据蒙塔古的观点，未来的某个时候我们将不再提出这些无拘无束的、天真的问题——这归咎于我们的西方文化：美化占统治地位的知识，瞧不起那些所知较少的人。这位来自普林斯顿的智者声称，我们整个教育体系的方针就是，让无知出丑，而犒赏（表面上的）学问。

我们从中学到了什么？质疑传承下来的知识。为了突出质疑精神的重要性，此处列举一些经常且总是容易被错误传播的故事。之所以如此，是因为有人错过了承认自己胡说的时机。其中，有些故事可以溯源到误解，另一些可以溯源到宣传。比如那个"天才的交通规划家希特勒发明了高速公路"的童话，或者比如那幅"中世纪的人愚蠢到认为地球是个圆盘"的幽暗图画。我们应当在质疑知识中训练自己。下面我抽样选取了一些广为流传的误解。

1. 德国的高速公路归功于谁？

应归功于康拉德·阿登纳，而非希特勒。纳粹时期高速公路得到扩建，并且当权者对其加以宣传利用。19 世纪 20 年代就有了高速公路的最初蓝图，科隆当时的市长康拉德·阿登纳推动了首条科隆与波恩之间高速公路（现今的 A555）的修建。阿登纳于 1932 年 8 月 6 日修建的这条高速公路开创了高速公路建设的先河：四车道，笔直的，没有交叉路口。

2. 亚历山大里亚图书馆是被穆斯林损毁的吗？

不是！穆斯林到达的时候，图书馆早已停用。一个很古老的神话是这样的，公元 641 年哈里发欧麦尔的军队占领这座城市的时候，摧毁了世界上最著名的图书馆。那时亚历山大里亚属于拜占庭帝国，它仍具有亚历山大大帝建国时期的古希腊文化的特征。那一时期亚历山大里亚虽仍是世界人文中心，但当时图书馆已十分萧条。自罗马人占领亚历山大里亚（公元前 30 年）以来，图书馆的价值便持续下滑。然而广为流传的逸事中还是藏着一点儿真相：古希腊罗马文化晚期最重要的基督教图书馆不是亚历山大里亚图书馆，而是位于今天巴勒斯坦的恺撒利亚图书馆。恺撒利亚图书馆确实于公元

700 年遭到穆斯林占领者的破坏，而随之流失了很大一部分基督教早期的人文财富和希腊哲学家的重要手稿。这是真的。

在广为流传的亚历山大里亚图书馆遭损毁的传说里藏有真相，但穆斯林在最初的一千年中强迫其占领区皈依伊斯兰教的传闻却是错误的，理由很实际，因为哈里发能对非穆斯林征收更多的税，如果穆斯林化了，统治者的收入就减少了。在北非，穆斯林占领时期的基督教核心区，几百年后才有约一半的居民穆斯林化。

3. 乔治·威廉·布什曾是一名德克萨斯牛仔吗？

没有人比小布什更小心地维护自身的形象了。他在 2000 年美国总统大选中对决艾伯特·戈尔的策略是，将戈尔描述成东海岸的花花公子，将自己描述为接地气的德克萨斯人。人们不难想象他开着轻型货车的亲民形象。这一形象并不真实。这位美国第 43 任总统生于康涅狄戈州纽黑文市的豪门。他的祖父就曾担任过这里的参议员。他的求学经历：

最初在波士顿安多弗贵族学校，随后是耶鲁，接着是哈佛，这都不符合他红脖子乡下佬的形象。尽管在危机中布什的领导风格很果断，但当他因2005年的一场飓风和在伊拉克战争期间鲁莽的胜者姿态突然显得愚蠢时，由他亲自塑造的形象在其任期接近尾声时被完全破坏。

4. 爱因斯坦数学不好吗？

人们太喜欢用这个故事来自我安慰了，但这并不符合事实。数学屡次考砸的谣传在爱因斯坦在世的时候就存在了。曾经有一次，他以确定的话语回应了一篇报纸上的相关文章，"我在数学方面从来没有问题，14岁时便体会到了微积分的乐趣。"实际上他6岁时便在慕尼黑的彼得贵族小学崭露头角。他的母亲在给她妹妹的信中写道："昨天阿尔伯特得知了他的成绩，他再次获得了第一的好成绩。"他跳了两级，9岁时便转到了慕尼黑卢伊特波尔德高级中学。由于不适应那儿的权威风格，15岁他便退学，并尝试在中学肄业的情况下进入理工学院学习物理。由于天赋很高，他真的被允许参加入学考试。他的物理和数学成绩都很优异，但其他学科没有这么出色，如地质学。最终，他没有通过入学考试。为了获得进入大学学习的资格，此后他又在阿劳（瑞士）的州立学校读了一年，直到1896年10月才开始他在瑞士理工学院的学业。这一谣传也许该归咎于一种误解。在阿劳的毕业成绩单上，他的物理和数学确实得了6分。只不过瑞士的评分方式与德国相反：在瑞士6分意味着"很好"。爱因斯坦最初的学习目的是获得数学和物理专业教师的硕士文凭，就在那段时间里他发现了相对论。

5. 过去人们以为地球是平的吗？

我们的儿童读物确实是这样写的。人们可以想象，一条船是如何在地球的边缘倾覆的。事实上自远古时代开始，人们就知道地球是个球体，并且这一认知一直延续到中世纪。因此，"哥伦布正是因为相信了地球是圆的，才能发现美洲"的说法是错误的。实际上哥伦布的批评者们是对的，不像哥伦布，他们知道这个圆球有多大，因此他们才认为自西向东抵达印度的计划不可能实现。中世纪居民愚蠢无知的谣言也就不攻自破了。金球是中世纪三个最重要的王权象征之一。它象征着地球。

6. 谁第一个飞越大西洋？

是两位男士。英国人约翰·阿尔科克和阿瑟·布朗。他们在 1919 年首次成功飞越了大西洋。他们驾驶一架双翼飞机，从纽芬兰飞往爱尔兰的克利夫登，全程 3000 公里。8 年后，查尔斯·林德伯格完成他著名的大西洋飞行，而在他之前已有 66人成功飞越了大西洋。林德伯格的优势在于，他的宣传工作做得更好。他是独自飞行的第一人，而且他选择了世界上传媒技术最发达的地区——纽约和巴黎，作为起飞和降落地。林德伯格外形俊朗、颇具魅力，给新闻界提供了八卦的素材。他成了大西洋飞行员的化身。然而，第一个飞越大西洋的人真的不是他。

7. 在古罗马真有被判在帆船上划桨的囚犯吗？

在滑稽漫画中确实有。在电影《宾虚》中也有。真实的情况是，罗马人不把囚犯派到他们的战船上，划桨的通常是训练有素的带薪士兵。帆船上划桨的囚犯是新时代的一个发明。直到 15 和 16 世纪，欧洲法庭才判处杀人犯和叛国者去造帆船。

8. 伽利略因何获罪？

在对意大利学者伽利略（1564—1642 年）的著名审判中，并不是如经常被误以为的那样，不是关乎地球的形状，而是涉及地球在宇宙中的位置：争论围绕着地球和太阳到底哪个才是宇宙的中心而展开。伽利略坚持，太阳是一切的中心。今天我们知道，两个观点都不正确。然而不是因为伽利略的研究和教会的学说相矛盾，他才受审判。他的朋友及资助人乌尔班教皇，根本不希望伽利略撤销自己的论点，只是要求伽利略将这个论点当作一种假说来表达。伽利略拒绝了，他坚持，这是确信无疑的。

按今天的标准，教皇的处理才是严谨、科学的，因为科学得到的始终是暂时性的结论。因此，用对伽利略的审判来引证教会反科学是行不通的。伽利略虽被判处监禁，但马上转为了舒适的软禁。起初他住在梅第奇家族的一处罗马官邸，然后去了西耶那，并最终回到自己在佛罗伦萨南部山区的别墅，在那里他继续从事研究并撰写了他的主要著作《对话》。名人逸事的野史也喜欢对此避而不谈。

9. 金钱真的能让世界运转吗？

让世界运转的是：人们互相模仿。2015 年去世的法国哲学家勒内·吉拉尔说："一个人看到，他的一个同类将手伸向一个物体，他将立刻试图模仿这个姿势。"这种模仿的欲望，这种"模仿性的竞争"是战争的推进剂，也是文化的推进剂。当多毛的哥特人和日耳曼人入侵意大利时，最初他们很粗笨，也没有教养，旺达尔人的贫穷部落直到现在名声都不好。实际上这些粗俗的北方人最晚在他们第二代的时候就穿上了罗马人的袍子，引用奥维德的诗文并入赘进罗马的上层。那些未迁往意大利，而是定居在阿尔卑斯山和波罗的海之间的日耳曼人却维持着一种不如说是无教养的生活方式。然而当他们看到，在隔壁的城堡里已经用刀叉进餐，并且不是抓住女人的头发往屋子里拉拽，而是用音乐来追求她们时，他们也突然想成为拥有一切的城堡主人。日耳曼人也想要"我不知是什么"的某种吸引人的东西。

10. 古罗马的斗士是如何问候皇帝的？

无论如何不是"恺撒万岁，将死之人问候你"。然而，在古罗马的文献中真的能找到这句话，而且是在历史学家、古罗马元老卡西乌斯·狄奥的书里，即在他部分尚存的八十卷巨著《罗马史》中。在该著作中，他讲述了数千名罪犯的一次起义。这些罪犯将为克劳狄乌斯皇帝奔赴一场血腥的海战，当时罪犯们用这句后来常被引用的话语来问候皇帝，他们是希望得到宽恕而不必去参加海战。克劳狄乌斯（尼禄的养父及科隆的创立者阿格里皮娜的丈夫）却拒绝了赦免的要求。

11."德国制造"向来是一种品质保证吗？

正相反。19世纪末在英国形成了一项措施，标明原产国是为了抵制劣质产品，主要是纺织品。因为萨克森的纺织工业质量通常不错，"德国制造"的标记才作为质量保证逐渐得到认同。

12. 每个人都是一座孤岛吗？

从世界历史的视角来看，绝对不是。大约五亿年前我们曾与所有动物有着相同的祖先。若再往前推，我们和蘑菇曾有着相同的祖先。在此之前的几十亿年，我们曾是相互交织的海藻。如果人类44%的基因都与果蝇相同，那么我们与周围人的相似度又有多高呢？我们真的是兄弟姐妹，不是转义意义上的，而是在生物学意义上的兄弟姐妹。我们根本不可能孤立存在。人们既不能自我安慰也不能自我抚摸。亚里士多德提出的"政治动物"的概念（希腊语 ζῷον πολιτικόν）就是这个意思。

13. "疯女胡安娜"真的是精神错乱吗？

据说西班牙公主胡安娜·冯·卡斯蒂利亚在她生命的最后阶段与世隔绝地生活在托德西利亚斯的城堡里，吃地上的东西，向仆人吐口水，被各种荒唐的想法所折磨，把自己最小的女儿看作奴隶。也有观点认为，这全是哈布斯堡皇室宣传捏造的。无论如何，1496 年胡安娜为与哈布斯堡皇室英俊王菲利普订婚，从西班牙乘船到荷兰时，曾是一位无忧无虑的、温柔的女孩。她深色的大眼睛和温柔的举止如此迷人，以至于菲利普迫不及待地想和她上床。在初次邂逅之后，菲利普坚持让主教在同一天下午就给他们举行婚礼，以便他当天夜里就可以和她睡在一起。相关书籍记载，双方都一见倾心，但菲利普不久便受不了胡安娜缠人的爱。据说，他利用一切机会远离她，待在布鲁塞尔（表面上声称他受不了西班牙的气候）。这个悲伤的故事是真的吗？事实并非如此。胡安娜七年间几乎每年都为菲利普生一个孩子。事实上，他们俩应该是很相爱的。在 1506 年的一个秋日里，菲利普不顾天气炎热又一次去了西班牙的乡下，他和几个王子在炎热的午间打回力球，之后喝下了整升的冰水，随后便痉挛发烧。不久后胡安娜深爱的菲利普离世。据说，胡安娜极度思念死去的丈夫，让人对他做防腐处理，每晚都与他一同进餐。然而事实并非完全如此。她确实让人对他做了防腐处理，但并非如猜忌者谣传的那样，为了与他在烛光中共进晚餐，而是为了将他放进一具水晶棺。没错，她每晚都去看水晶棺，而且她后来带着丈夫的遗体横穿西班牙也是真的，她只在夜间出行，因为"一位失去了自己灵魂的阳光的寡妇，不该再面对白昼的光明"。但这次旅行的目的地是完全合法的：格拿纳达的皇家陵墓。或许胡安娜晚年真的有点古怪，但她发疯的故事，至少从西班牙的视角看，是哈布斯堡皇室的恶意宣传。

14.《卡玛箴言》是一本性教科书吗？

不是。七个章节中只有两个章节涉及性。箴言集有点类似于印度古代的维基百科全书，是浓缩的、词典式的、为信息精英制备的知识快餐。箴言集涵盖所有可能的东西。据传约公元250年撰写了《卡玛箴言》的婆蹉衍那还撰写了各式各样有关社会、政治、医学的其他箴言。有关爱欲的箴言，即《卡玛箴言》（"卡玛"意即肉体的享乐，在印度教中它是人类生命的四个宗旨之一），是箴言集的一部分，该箴言集的有些部分为匿名作者所写。欧洲人几个世纪之久都羞于翻译其中涉及性的章节，然后突然180度大转弯，唯独只盯着这两章明确涉及性的章节。当人们综观《卡玛箴言》，并把爱欲的重要意义与人生的另外三个宗旨结合起来看时，《卡玛箴言》才会变得真正有趣。

除"爱欲（Kama）"，肉体的至高享受之外，还有"利益（Artha）"，即物质福利，但最重要的是"法则（Dharma）"，即有德行的、正确的生活。然后还有"从轮回中的解脱（Moksha）"，这是最高的觉悟和解脱。这些人生宗旨有各自不同的价值。它们当中"爱欲"处在阶梯的最底端，往上是"利益"，再往上是最值得追求的"法则"。"爱欲"唾手可得，为得到"利益"，人们需要一点规划，"法则"人们必须努力追求，但尽管如此，也可能永远无法实现。从轮回中的解脱是所有能够追求的东西中最最好的。《卡玛箴言》论证肉体上的、物质上的和道德上的宗旨，不仅将它们按等级分类，而且指出它们相应的人生阶段。《卡玛箴言》教导人们，年轻时为"爱欲"努力是可以的，较为成熟后应当重视一些更重要的东西。

《卡玛箴言》绝不是一本性教科书。它有些地方还给人以正统说教的感觉。人们应当知道，在婆蹉衍那写书的那个时代，正流行一场名为"路伽耶陀（顺世外道）"的智者运动。他们认为"法则"和"从轮回中解脱"都是胡说，根本就没有神，唯一重要的就是最大限度地及时行乐。《卡玛箴言》提出异议：肉欲的确使人快活——如一部典型的辞典，在《卡玛箴言》的第二章中也详细地对此作了探讨，特别是前戏的技巧，但有些东西与之相比更重要并且更能给人带来满足。

《卡玛箴言》真正有趣的地方是，它并不是一本有关乱交的书，而是一部研究如何达成正派生活，并仔细阐明性及追求肉体享受在生活中应有的价值的著作。令人感兴趣的是，《卡玛箴言》也明确地赞扬一夫一妻制的性关系，它把婚姻作为研究和教导的重点。第四章，关于婚姻的章节，是全书的核心。这本书之所以意义深远，是因为在撰写《卡玛箴言》时，印度的精英们普遍是一夫多妻。找到一个值得与她一起走通往"法则"之路的女人，这种理念是新颖的。在这本书的末尾，针对竭力争取合乎道德的婚姻生活却失败的情况，婆蹉衍那还给我们留下了一些宝贵、实用的忠告。他指示人们去找交际花。还有一些秘诀：比如说将胡椒、山楂和蜂蜜抹在阴茎上；还有值得推荐的是，夜里将磨碎的荆棘、爵床草、猴粪和百合根粉末撒在新娘身上。据说，自此她将不会再看其他男人一眼。

15. 食人族将他们的祭品放进锅里吗？

长久以来，南美、非洲、澳洲，特别是太平洋群岛上食人族的报道被视为替殖民主义辩解的恐怖故事。人类学家对此研究得稍微详细些。例如毫无争议的是，巴布亚-新几内亚的某些部落，比方说富雷族，直至 20 世纪出于宗教仪式的原因仍在食人。2003 年 10 月斐济岛的一个部族甚至非常正式地请求英国传教士的后裔们宽恕他们曾按宗教仪式杀害并分食了他们的祖先。在西新几内亚，直至 20世纪 70 年代仍存在有据可查的食人仪式。在 1961年考察阿斯玛特族的旅行中，一名洛克菲勒家族的后代迈克·洛克菲勒失踪了。他是当时美国副总统最小的儿子，一位花花公子和冒险家。这个故事的浪漫版本是这样的：这位年轻的千万财富的继承人爱上了一位当地姑娘，并加入了阿斯玛特族。据传80 年代确实发现过一些浅色皮肤的当地人。这个故事的现实版本是：这位年轻的洛克菲勒被杀害并被吃掉了。当然肯定不是被放在锅里煮熟的。尺寸相符的金属锅只有借助现代先进的生产工艺才能制造出来。在新几内亚更可能是在烤架上烤的。

16. 发现美洲大陆的是哥伦布吗？

美洲大陆的发现者肯定是被我们称为"印第安人"的美洲土著居民的祖先，他们于冰河时代（约一万两千年前）晚期自亚洲迁徙到这片先前荒无人烟的大陆上。克里斯托弗·哥伦布，这位为卡斯蒂利亚家族服务的意大利人，甚至不是第一个横渡大西洋的欧洲人。在他之前已经有其他的航海者成功地横渡了大西洋，其中就有诺曼人。他们中的一员，冰岛人列夫·埃里克森（约 970—1020 年），甚至是家喻户晓的：美国明尼苏达州的圣保罗市在市政厅附近给他建了一座雕像，以纪念这位首次登上美洲大陆的欧洲人。哥伦布生平从未踏上过美洲的土地。他没有到过比加勒比海更远的地方。

17. 广播剧《世界大战》首播时，发生了什么？

美国城市爆发大恐慌了吗？当然没有。1938年奥森·威尔斯首次以广播剧的形式演播了赫伯特·乔治·威尔斯的《世界大战》。这个广播剧仅在美国少数几个地方电台播出。"警局和消防队接到的报警电话成倍增加"的地方报纸的报道是一位编辑随意捏造的，他意欲将广播诽谤成讨厌且不可信的媒体。对赫伯特·乔治·威尔斯的作品享有发行权的哥伦比亚广播公司并不否认这个虚构的故事，因为他们很快意识到，大恐慌的神话有利于营销，所以他们采取一切手段来散布这个故事。

18. 谁曾说过："他们应该吃蛋糕啊！"

这不是法国的玛丽·安托瓦内特说的。"他们应该吃蛋糕啊！"这句话第一次出现在卢梭的《忏悔录》里。卢梭写《忏悔录》的时候，哈布斯堡家族 10 岁的小公主玛丽·安托瓦内特还在奥地利的福舍尔宫里无拘无束地玩耍。也有观点认为，说出这句话的高贵人士是国王路易十四的一位情妇或妻子（她远早于玛丽·安托瓦内特），是她在耳闻饥荒和食物短缺时做出了这样的反应。这句话也可能是纯粹虚构的，目的是为了表现 18 世纪法国宫廷不了解广大民众的疾苦。

19. 拿破仑很矮小吗？

拿破仑很喜欢被身材高大的皇家近卫军围绕着。

他身材矮小的谣传也许就源于此。拿破仑身高 1.69 米，明显超过了当时法国男性的平均身高。"le petit Caporal"是他早期的外号之一，意思是"小军官"，这是为了表达对他的好感，而与他的身材无关。

20. 罗马深陷火海时，尼禄做了什么？

反正不像彼德·乌斯蒂诺夫的电影里那样在拉小提琴。因为小提琴是 1500 年之后才发明的。而且在公元 64 年 7 月 18 日至 19 日，尼禄（公元 37—68 年）根本不在罗马，而是在距离罗马约 60 公里之外的农庄里。广为流传的说法是，他是纵火狂，为寻开心，自己放火烧了罗马，这种说法完全是一派胡言。面对死亡和痛苦仍在奏乐的皇帝的故事如许多名人逸事一样有真实的成分，尽管从严格的历史角度来看，它们不可能真的发生过。有些名人逸事却比细节上很详细的书面记载透露出更多真相。

这幅景象的实质没有错，他是一个享受别人痛苦的暴君。尼禄的确是一个举世无双的怪物，一个杀人魔王。在他最贴身的班子里专门设有为人投毒

的岗位，来毒杀妨碍尼禄的人或尼禄害怕的人。他
还命人谋杀自己的母亲。他的确是一位狂热的音乐
爱好者。除了竖琴，他还会好多其他乐器，甚至包
括风笛。小提琴的故事在象征意义上反映了某些真
实情况。他最后的话据说是这样的："我死了，世
界将失去一位多么伟大的艺术家。"人们谣传尼禄
是公元 64 年罗马大火的幕后推手，或许因为大火
后他较轻松地实施了铲平所有城区的方案，也或许
是因为他利用公众对大火的愤怒下令屠杀了他憎恨
的罗马基督教徒（此外有据可查的是，大火是由市
场商贩引起的）。

21. 最早的现代奥林匹克运动会在哪儿举行？

在英国西部的文洛克村（什罗普郡）。不像很
多人以为的那样，奥林匹克思想的复苏归功于顾拜
旦，其实应归功于英国植物学家及希腊文化的爱好
者威廉·彭尼·布鲁克斯博士。由布鲁克斯博士发
起的奥运会自 1850 年开始每年在英国威尔士边境
的乡村举行一次。最初的项目有跳远，800 米跑和

投掷。后来还增加了其他项目，其中也有颇受欢迎的手推车赛跑和树干投掷，树干投掷是欧洲历史最悠久的体育竞赛"苏格兰高地运动"中最重要的项目之一。文洛克奥运会的胜利者们被授予真正的月桂花环和微薄的奖金。19世纪六七十年代的奥运会声誉颇高，以至于希腊国王乔治一世都捐赠了银币。1888年顾拜旦与布鲁克斯建立了联系，两年后他亲临文洛克的奥运会。比赛和希腊式的风格令他很振奋，他决定借助他与投资者和外交家的人脉关系，促使布鲁克斯的想法在推广上取得国际性的突破。1894年他成立了国际奥林匹克委员会，两年后在他的倡议下奥运会首次在雅典举办。遗憾的是，于这次奥运会开幕前几个月离世的布鲁克斯未能亲历这一幕。

22. 海盗真的是海上的强盗吗？

过去任何时候的所有海域都曾有海盗，然而自18世纪开始，更准确地说是自1713年开始，当欧洲国家体系加强时，人们才开始区分海上实施掠

夺的船队是有国王授权的还是不具备任何国王印章
的。1713 年人们签署了《乌特勒支和平协议》，欧
洲的国家政权得到加强，海盗成了无国籍者。在过
渡阶段，成功的海盗是获得国王授予的尊荣还是
被送上绞架，常属偶然，并无定规。大约 1720 年，
法国船长米松曾试图在马达加斯加建立一个人道的
小王国，但按照《乌特勒支和平协定》，像他这样
的男人们被宣布为罪犯。在长达至少百年的时间
里，区分海盗与非海盗凭借的仅仅是某个国王的印
章（顺便提一下，这种印章很容易伪造）。

23. 里希特霍芬是第一次世界大战中
令人敬畏的红男爵吗？

曼弗雷德·冯·里希特霍芬常驾驶红色飞机执
行任务，但没人称他为"红男爵"。除了他在生命
的尽头曾自己这样称呼自己。他的自传名为《红色
战斗机飞行员》。请注意，他喜欢用第三人称来讲
述自己的故事。1917 年，在他去世仅一年前，这本
回忆录在柏林乌尔施泰因出版社问世。里希特霍芬

在沃克斯索姆河畔附近的一次空战中牺牲，时年 25
岁。1933 年《红色战斗机飞行员》再版，当时的帝
国空军部长赫尔曼·戈林为这本书作了序。里希特
霍芬的荣誉和别名"红男爵"均在其死后获得。

24. 罗宾汉真的是一位英雄吗？

假装博学的人也许会这样回答：根本没有罗
宾汉这个人，他是文学创造的一个人物，但事实并
非如此。被一帮歹徒拥戴的一位强盗首领名为罗伯
特·伍德，他的名字的确自不同的出处流传开来。
14 世纪中叶英国的小酒店流传着以韵文的形式撰写
的故事和歌谣，歌唱着这样一帮人的胡闹行为。它
们在当时的流行文化中起着如今天的《黑道家族》
这样的电视连续剧或昆汀·塔伦蒂诺的电影一样的
作用。它们歌颂暴力并引诱人们认同暴徒。16 世纪
的舞台剧则迎合那个时代都市精英的口味，将粗俗
的强盗首领美化成高尚的贵族，他们劫富济贫。在
罗宾汉故事的最初版本中，人们找不到这样的动
机。维多利亚时期的作家瓦尔特·司各特先生对罗

宾汉形象的塑造影响最大。为了与埃芬豪一起创作一种英国民族史诗，司各特曾利用一切更古老的故事。罗宾汉终于摆脱了可恶的罪犯形象，摇身一变成为一位与非法权威抗争的英雄。可惜罗宾汉和他的属下生活在森林中这一浪漫主义题材，也是司各特虚构出来的。司各特以此来描绘维多利亚时代人们对森林的向往。与19世纪骑士浪漫主义相似，这也是对被视为威胁的城市发展和工业增长所做出的一种反应。

25. 多少名女性在萨勒姆遭火刑？

著名的萨勒姆女巫审判案的犯人无一被烧。19名犯人被绞死，一位80岁的被告被石头压死，另外15名被告死于审讯过程中或牢里。与德国相反，在17世纪的美洲，这种群体式的歇斯底里是异乎寻常的。有关在萨勒姆突如其来的女巫审判的原因存在着不同的说法。流传最广的是，自1630年以来，控制马萨诸塞海湾地区殖民地的清教徒培育了教俗合一的歇斯底里的民众。与此同时，被污染的

谷物和由此引发的神经官能失调可能也起了一些
作用。

26. 美国内战的核心问题是奴隶问题吗？

谁是美国南北战争中的"正义化身"？傻问
题，当然是身穿蓝色军服的大陆军，那些解放奴
隶的人。而查尔斯·狄更斯持不同观点。狄更斯认
为，南北战争的目的在于税收，而非奴隶解放。至
少亚伯拉罕·林肯这位1860年被选为美国总统并
通过对南部的战争来阻止合众国分裂的共和党人不
是奴隶制的反对者。在总统就职演说中，他明确表
示："我既不直接也不间接打算对付本国现存的奴
隶制。"

非白种人的生活对林肯来说不太重要，这一
点他和他身边的美国将军们（年轻时他曾以志愿者
的身份参与出征索克人部落）在对印第安人实施种
族灭绝时就证实了。他是政治策略大师，并用继续
维持奴隶制的法律来吸引那些准备好放弃脱离联邦
的州。南北战争在历史上令人感兴趣有两方面原

因。一方面是有六十万名士兵和五万名平民在这场战争中丧生，此后的战争中再没有如此多的美国人丧生。如林肯本人屡次强调的那样，一切只是为了保护"联邦"。另一方面这场战争在宪法史上有令人感兴趣的地方：林肯否定南方拥有独立权和分离权，而几十年前合众国的成立则恰好溯源到独立权和分离权。

美国大革命和法国大革命都不是为了解放奴隶，这必须引起人们深思。比如从加勒比群岛上的奴隶那里人们清楚地知道，是从糖萝卜中提取糖的发明解放了他们。通过这一发明，欧洲人可以大量生产更便宜的糖，从此不必再从牙买加和古巴进口蔗糖。

27. 泰坦尼克号想打破速度纪录吗？

这种看法源于 1934 年德国的一部宣传片。在这部宣传片中，英国人被塑造成肆无忌惮的、拿乘客生命冒险的赌徒。通俗文学和电影中经常提到的那个代表最快横渡大西洋的"蓝带"，为竞争对手冠达邮轮公司的毛里塔尼亚号所有。当时毛里塔尼亚号横渡大西洋所需的时间差不多比泰坦尼克号少一天。无论如何，白星海运公司完全没有让泰坦尼克号打破航速纪录的意图，公司也并没有为了破纪录的目的而加大轮船前进的动力。1912 年 4 月 15日与冰山相撞而沉没的泰坦尼克号的马达功率为51000 马力，毛里塔尼亚号的马达功率则大于 78000马力。泰坦尼克号的旅行概念是，为支付能力强的旅客们提供纯粹的豪华享受，而非一次特别快速的旅程。

28. 第一个环游世界的人是谁？

在谷歌上输入这个问题，搜到的答案是：1519年于塞维利亚启程的葡萄牙航海家斐迪南·麦哲伦，因为他坚信，在南美洲和太平洋之间存在一个通道。茨威格写过一本有关麦哲伦的很棒的书。麦哲伦是世界史上最重要的人物之一。麦哲伦还作为第一人，描述过后来被证实为银河系的邻居星系的天体。但麦哲伦在他的有生之年未能完成环游世界的旅行，1521 年他在菲律宾去世。第一个成功环游世界的是马六甲的恩里克，麦哲伦的奴隶。这个名字是麦哲伦给他取的。没有人确切地知道恩里克来自哪里。在 1511 年的一次东南亚旅行中，麦哲伦在马来西亚的奴隶市场上买下了他。所有的航海旅行，包括 1519 年从塞维利亚开始，并于 1522 年重新抵达西班牙出发港的环球旅行，他都陪伴着麦哲伦，不过麦哲伦在抵达的前一年就已经去世了。

29. 维京人戴带角头盔吗？

肯定不戴。维京人的头盔是理查德·瓦格纳 1876 年夏在拜罗伊特艺术节开幕时初次发明的，确切地说，是在首次将《尼伯龙根的指环》完整搬上舞台的时候。多亏了挥霍成瘾的巴伐利亚国王路德维希二世，瓦格纳那相互交错的四部歌剧才得以奢华上演。

30. 时间旅行有可能实现吗？

不能。"否则我们所处的世界早就被来自未来的旅客挤满了"，史蒂芬·霍金说。另一方面，正在发生的事情，就是一场时间旅行。你正在读的这些文字，是我过去所写，现在却在你的脑海中回响。身为作者的我在你的脑海里，但不是在我写这些文字的当下，而是在你读它们的时候。我想利用未来相遇的这次机会向你告别，并感谢你在我们共同的时间旅行中所给予的陪伴和关注。

图书在版编目（CIP）数据

趣看世界史 / (德) 亚历山大·冯·勋伯格著；包
向飞, 李雪译. -- 重庆 : 重庆大学出版社, 2022.3
书名原文：WELTGESCHICHTE TO GO
ISBN 978-7-5689-1680-6

Ⅰ. ①趣… Ⅱ. ①亚… ②包… ③李… Ⅲ. ①世界史
—通俗读物 Ⅳ. ①K109

中国版本图书馆CIP数据核字(2019)第149957号

趣看世界史

Qukan Shijieshi

[德] 亚历山大·冯·勋伯格　著

包向飞　李雪　译

责任编辑　王思楠
责任校对　邬小梅
责任印制　张　策
装帧设计　周安迪
内文制作　常　亭

重庆大学出版社出版发行
出版人　饶帮华
社址　（401331）重庆市沙坪坝区大学城西路 21 号
网址　http://www.cqup.com.cn
印刷　重庆升光电力印务有限公司

开本：787mm×1092mm　1/32　印张：9.625　字数：151千
2022年3月第1版　2022年3月第1次印刷
ISBN 978-7-5689-1680-6　定价：48.00元

Author: Alexander von Schönburg

Title: Weltgeschichte to go

© 2016 by Rowohlt Berlin Verlag GmbH, Berlin, Germany

Chinese language edition arranged through HERCULES Business & Culture GmbH,
Germany.

版贸核渝字（2017）第002号